演習で学ぶ
乳児保育

善本眞弓 編著 小山朝子 亀﨑美沙子

わかば社

🍁🍁🍁　まえがき　🍁🍁🍁

　2017（平成29）年3月、乳児保育の基本を示す「保育所保育指針」と「幼保連携型認定こども園教育・保育要領」が改定（改訂）され、翌年4月より施行されました。従来、「乳児保育」として扱われていた0・1・2歳児の保育が、0歳児を対象にした「乳児保育」と、1・2歳児を対象にした「1歳以上3歳未満児の保育」に分けられ、それぞれ充実した内容が示されました。

　この背景の一つには女性の社会的な活躍が期待され、出産後の女性の職場復帰への意欲が高まり、2010年度からの10年間に1・2歳児の保育所や認定こども園等への就園率が大幅に上がったことがあげられます。また、子どもの学習面については、IQや読み書きそろばんといわれているような「認知機能」の高まりが期待されるだけでなく、「非認知能力」（目標に向かう力・人と協力する力・感情をコントロールする力など）の重要性が明らかになり、人の一生の中で乳幼児期の育ちが大変重要であることが広く認識されてきました。0歳からの子どもの育ちが人の一生の基礎になること、その育ちにていねいにかかわっていくことの重要性が改めて見直されています。それらにより、子どもの心身の育ちを支える0歳から3歳未満児の保育への期待が非常に高まっています。

　現在の「保育所保育指針」と「幼保連携型認定こども園教育・保育要領」においては、全体を通して一貫して、保育者の愛情豊かな受容的で応答的な乳児保育を展開することが求められています。これらを踏まえて、保育を学び、保育士資格の取得を目指すみなさんにも、3歳未満児の発達をとらえる視点、愛情をもって子どもとかかわる姿勢、適切な援助や環境を構成する基礎的な知識と技術を身につけていただきたいと思います。

　本書は、保育士養成課程の「乳児保育Ⅰ」（講義）を学び、乳児保育に関する基礎的な知識を得て、さらに実践的な知識と技術を身につけることを目指した「乳児保育Ⅱ」（演習）の内容に準拠して作成されています。これから保育者を目指すみなさんが、乳児とかかわる上で大切にしたいこと、身につけておきたいことをわかりやすく解説しました。保育学生としての学びだけに留まらず、保育者として子どもたちとかかわる際にも役立つように、何度も著者と編集者が話し合いを重ね、内容を検討して実践的な内容を盛り込みました。就職後、保育者として学び続ける際にもぜひ活用していただければ幸いです。

　最後になりましたが、本書の作成にあたり快く写真の提供等にご協力いただいたみなさまに著者一同、心より感謝申し上げます。また、編集・出版にあたり、わかば社代表の田中直子氏および編集部のみなさんの惜しみないご尽力に深謝申し上げます。

　　2020年4月

編者　善本　眞弓

 もくじ

第1回 乳児保育の意義 （善本）

第2回 0〜3歳までの発育・発達 （善本）

● 本書では「保育所、幼稚園、認定こども園およびその他の施設」を含む「教育・保育施設」を総称し、「園」と表記し解説しています。

● 本書では「保育所保育指針」は「保育指針」、「幼保連携型認定こども園教育・保育要領」は「教育・保育要領」、「幼稚園教育要領」は「教育要領」と表記を略し（初出のみ正式名称）解説しています。

● 保育所保育指針等で示される保育内容は「乳児保育」および「1歳以上3歳未満児の保育」と区分していますが、本書では保育内容にかかわる箇所については、「乳児（0歳）の保育」および「1歳以上3歳未満児の保育」とし、0・1・2歳児全体の解説としては「乳児保育」および「乳児」と称し解説しています。

● 本書では0・1・2歳児を中心に学んでいきますが、2歳児クラスには3歳児も在籍しているため、必要に応じて、3歳児についても解説しています。

● 本書には以下のような囲み記事を設けています。

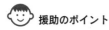
援助のポイント　保育者としての援助のポイントをまとめています。なお、子どもとの具体的なかかわりを解説する第3〜7回は各項（1.2.……）の最後に、そのほかの回は各回最後に掲載しています。

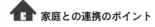
家庭との連携のポイント　乳児保育では特に家庭との連携が重要であるため、その回で保育者として大切にしてほしい家庭との連携のポイントを各回の最後にまとめています。

Column　本文に関連する理解してほしい事柄などを、適宜掲載しています。

演習課題　各回の最後にその回での学びのまとめとして、演習課題を掲載しています。「調べてみよう！」「考えてみよう！」「実践してみよう！」の課題を設け、学びの段階に合わせて演習課題を行うことができるようにしています。

本書で学ぶこと

　本書では、「指定保育士養成施設の指定及び運営の基準について」の一部改正について（平成30年4月27日厚生労働省子ども家庭局長通知）に示されている「乳児保育Ⅱ」の内容について学んでいきます（下記参照）。ここでは、「乳児保育Ⅱ」に示されている「内容」を本書のどの回で学ぶのか、また、本書の各回では乳児保育のどのような内容について学んでいくのかを示してあります（下記および次頁参照）。

　本書では、保育の場における乳児保育の実践についてより具体的に学ぶことができるよう、保育者として必要な保育技術の手順や実例を多く掲載し、またそれらの技術がなぜ保育者として必要であるのかについて解説しています。子どもたちの生活と本書での学びのイメージをまとめましたので、学習の内容を事前に確認しておきましょう（本書 p.10 参照）。

＜教科目名＞ 乳児保育Ⅱ（演習・1単位）

＜目標＞
1. 3歳未満児の発育・発達の過程や特性を踏まえた援助や関わりの基本的な考え方について理解する。
2. 養護及び教育の一体性を踏まえ、3歳未満児の子どもの生活や遊びと保育の方法及び環境について、具体的に理解する。
3. 乳児保育における配慮の実際について、具体的に理解する。
4. 上記1～3を踏まえ、乳児保育における計画の作成について、具体的に理解する。
　※「乳児保育」とは、3歳未満児を念頭においた保育を示す。

＜内容＞
1. 乳児保育の基本
　（1）子どもと保育士等との関係の重要性 第1回
　（2）個々の子どもに応じた援助や受容的・応答的な関わり 第1回
　（3）子どもの主体性の尊重と自己の育ち 第1回
　（4）子どもの体験と学びの芽生え 第1回 第9回 第10回 第11回
2. 乳児保育における子どもの発育・発達を踏まえた生活と遊びの実際
　（1）子どもの1日の生活の流れと保育の環境 第3回 第4回 第5回 第6回 第7回 第9回 第10回
　（2）子どもの生活や遊びを支える環境の構成 第3回 第4回 第5回 第6回 第7回 第8回 第9回 第10回 第11回
　（3）3歳未満児の発育・発達を踏まえた生活と援助の実際 第2回 第3回 第4回 第5回 第6回 第7回 第8回
　（4）3歳未満児の発育・発達を踏まえた遊びと援助の実際 第2回 第9回 第10回 第11回
　（5）子ども同士の関わりとその援助の実際 第10回 第11回
3. 乳児保育における配慮の実際
　（1）子どもの心身の健康・安全と情緒の安定を図る 第3回 第4回 第5回 第6回 第7回 第8回 第9回 第10回
　　ための配慮 第11回 第13回
　（2）集団での生活における配慮 第8回 第10回 第11回 第12回
　（3）環境の変化や移行に対する配慮 第8回 第10回
4. 乳児保育における計画の実際
　（1）長期的な指導計画と短期的な指導計画 第12回
　（2）個別的な指導計画と集団の指導計画 第12回

　また、これらを学ぶ前に乳児期の子どもたちが日々どのような生活を送っているのかを確認するために、0・1・2歳児のデイリープログラム（各クラスの日課を示したもの）の一例を掲載しています（本書p.11〜13参照）。子どもたちが園でどのような生活を送り、保育者としてどのような援助が必要であるのかを確認しておきましょう。

　なお、本書では0・1・2歳児を中心に学んでいきますが、2歳児クラスには3歳児も在籍しているため、必要に応じて、3歳児についても解説しています。

<table>
<tr><td>第 1 回 **乳児保育の意義**
（本書 p.14〜19）</td><td>養護と教育が一体となって行われる乳児保育の意義について、事例などを通して学んでいきます。</td></tr>
<tr><td>第 2 回 **0〜3歳までの発育・発達**
（本書 p.20〜35）</td><td>0〜3歳の各年齢の発達について、具体的な写真などを通して確認していきます。</td></tr>
<tr><td>第 3 回 **食事の援助と環境**（本書 p.36〜49）</td><td>調乳や冷凍母乳の解凍、授乳、離乳食などの保育者の具体的な援助を実際の子どもの姿を通して学んでいきます。</td></tr>
<tr><td>第 4 回 **排泄の援助と環境**（本書 p.50〜59）</td><td>おむつ交換からパンツへの移行、排泄への保育者の具体的な援助を実際の子どもの姿を通して学んでいきます。</td></tr>
<tr><td>第 5 回 **睡眠・休息の援助と環境**
（本書 p.60〜67）</td><td>子どもの睡眠や休息時の保育者の援助や保育環境などについて、実際の子どもの姿を通して学んでいきます。</td></tr>
<tr><td>第 6 回 **着脱に関する援助と環境**
（本書 p.68〜79）</td><td>子どもの衣服や衣服以外（靴下や靴、帽子など）の着脱への保育者の援助を実際の子どもの姿を通して学んでいきます。</td></tr>
<tr><td>第 7 回 **清潔に関する援助と環境**
（本書 p.80〜89）</td><td>沐浴や清拭、手や顔を拭く洗う、鼻をかむ、うがい、歯みがきなどの援助について実際の子どもの姿を通して学んでいきます。</td></tr>
<tr><td>第 8 回 **乳児保育における健康と安全**
（本書 p.90〜97）</td><td>乳児保育での安全対策や事故防止、アレルギーへの対応、園外での遊びの対応、虐待、防災対策の実際について学んでいきます。</td></tr>
<tr><td>第 9 回 **乳児（0歳児）の保育内容と遊び**
（本書 p.98〜105）</td><td>乳児（0歳児）の保育内容、保育者の援助について保育指針などから確認し、乳児の遊びについても学んでいきます。</td></tr>
<tr><td>第 10 回 **1歳以上3歳未満児の保育内容**
（本書 p.106〜113）</td><td>1歳以上3歳未満児の保育内容、保育者の援助、環境の変化や移行について保育指針などから確認していきます。</td></tr>
<tr><td>第 11 回 **1歳以上3歳未満児の遊び**
（本書 p.114〜119）</td><td>1歳児および2歳児の遊びについて確認していきます。遊びとおもちゃ・遊具についても学びます。</td></tr>
<tr><td>第 12 回 **乳児保育における計画と評価**
（本書 p.120〜129）</td><td>乳児保育における全体的な計画、長期指導計画、短期指導計画について学びます。また評価についても確認してきます。</td></tr>
<tr><td>第 13 回 **乳児保育を支える連携**
（本書 p.130〜136）</td><td>乳児保育における職員間の連携、家庭との連携、地域との連携について、実際の保育場面から学んでいきます。</td></tr>
</table>

本書での乳児保育の学びのイメージ

　乳児保育にかかわる保育者には乳児保育の意義や発育・発達、保育内容の理解が求められます。そして、乳児の生活と遊びを支える援助や環境構成、保育計画の立案と評価、保護者との連携、園全体の運営に必要な仕事などがあります。乳児の生活と遊びを中心にして、これから本書でどのような内容を学ぶのか確認しておきましょう。

乳児保育の学び

乳児の生活と遊び

0歳児クラス

睡眠
（第5回：本書 p.60〜67）

乳児（0歳児）の遊び
（第9回：本書 p.103〜105）

食事
（第3回：本書 p.36〜49）

1歳児クラス

1歳以上3歳未満児の遊び
（第11回：本書 p.114〜119）

排泄
（第4回：本書 p.50〜59）

清潔
（第7回：本書 p.80〜89）

2歳児クラス

着脱
（第6回：本書 p.68〜79）

さまざまな連携
（第13回：本書 p.130〜136）

保育の計画と評価
（第12回：本書 p.120〜129）

保育内容
（第9回：本書 p.98〜103、
第10回：p.本書 p.106〜113）

乳児保育の意義
（第1回：本書 p.14〜19）

発育・発達
（第2回：本書 p.20〜35）

健康と安全
（第8回：本書 p.90〜97）

🍂 0歳児のデイリープログラム 🍂

時間	子どもの生活	保育者の仕事	
		子どもとのかかわり	環境構成・準備や片づけ
7:15	開園・早朝保育開始 順次登園 自由遊び	子どもの受け入れ・健康観察 保護者対応 子どもと遊ぶなどして過ごす	保育室換気
8:30	通常保育開始 自由に遊ぶなどして過ごす	当番より引継ぎ 子どもの受け入れ・健康観察 保護者対応 子どもと遊ぶなどして過ごす 連絡帳の確認	保育室などの整備・安全点検 調乳・食事に関する準備 おむつ交換コーナーの整備 おもちゃ拭き おやつの準備 使用したおもちゃの片づけ
9:15	おやつ（後期食移行の子ども） 授乳 おむつ交換 睡眠（午前） 自由遊び	おやつの援助 授乳のかかわり おむつ交換をする 子どもの様子に合わせて眠る援助をする 子どもと遊ぶなどして過ごす	出欠確認・調理室に人数報告 おやつの配膳・片づけ 冷凍母乳準備・調乳・片づけ おむつの始末 睡眠チェック表の記入 食事の準備 保育室の片づけ
10:30 10:45	前期食・中期食 授乳 後期食 授乳 おむつ交換	食事の援助 授乳のかかわり 子どもと遊ぶなどして過ごす 食事の援助 授乳のかかわり 子どもと遊ぶなどして過ごす おむつ交換をする	食事の配膳・片づけ 冷凍母乳準備・調乳・片づけ 食事の配膳・片づけ 冷凍母乳準備・調乳・片づけ おむつの始末 保育室の片づけ
11:30	睡眠（午後） 目覚め 着替え おむつ交換	子どもの様子に合わせて眠る援助をする 顔を見せて気持ちよく起こす 検温 着替え援助 おむつ交換をする	布団敷き・室内環境整備 睡眠チェック表の記入 日誌および連絡帳記入 布団片づけ 着替えの始末 食事・おやつ準備 おむつの始末 保育室の片づけ
14:30	中期食・授乳 おやつ（後期食移行の子ども） 自由遊び おむつ交換	食事の援助 授乳のかかわり おやつの援助 子どもと遊ぶなどして過ごす おむつ交換をする	食事とおやつの配膳・片づけ 冷凍母乳準備・調乳・片づけ おむつの始末 保育室の片づけ 連絡帳記入・整理 子どもの荷物の整理・確認
16:30	順次降園 おむつ交換	子どもの引き渡し 保護者対応 子どもと遊ぶなどして過ごす おむつ交換をする	保育室・調乳室の片づけ・掃除 おむつの始末 おむつ交換コーナーの片づけ
17:00	夕方保育開始 自由遊び 順次降園 延長保育児補食 おむつ交換	当番への引継ぎ 子どもと遊ぶなどして過ごす 延長保育児の補食援助 子どもの引き渡し 保護者対応 保育室の移動の援助 おむつ交換をする	 補食準備・配膳・片づけ 延長保育児荷物確認 保育室の安全確認 おむつの始末
18:15 19:15	延長保育開始 自由遊び 順次降園 全園児降園	当番への引継ぎ 子どもと遊ぶなどして過ごす 子どもの引き渡し 保護者対応	 保育室の片づけ・整備 園舎の安全確認・施錠

1歳児のデイリープログラム

時間	子どもの生活	保育者の仕事	
		子どもとのかかわり	環境構成・準備や片づけ
7:15	開園・早朝保育開始 順次登園 自由遊び	子どもの受け入れ・健康観察 保護者対応 子どもと一緒に遊ぶ	保育室換気
8:30	通常保育開始 順次登園 室内で自由遊び	当番より引継ぎ 子どもの受け入れ・健康観察 保護者対応 子どもと一緒に遊ぶ	保育室などの整備・安全点検 食事に関する準備 おむつ交換コーナーの整備 おもちゃ拭き 連絡帳の確認 おやつの準備 使用したおもちゃの片づけ
9:15	おやつ おむつ交換 自由遊び 遊びの片づけ	おやつの援助 おむつ交換をする 子どもと一緒に遊ぶ 子どもと一緒に片づけ	出欠確認・調理室に人数報告 おやつの配膳・片づけ おむつの始末 食事の準備 保育室の片づけ
10:50	完了食・幼児食 おむつ交換 着替え	食事の援助 おむつ交換をする 着替えの援助	食事の配膳・片づけ おむつの始末 保育室の片づけ 着替えの始末
11:45	午睡 目覚め 着替え おむつ交換	子どもの様子に合わせて眠る援助をする 顔を見せて気持ちよく起こす 検温 着替えの援助 おむつ交換をする	午睡準備・室内環境整備 睡眠チェック表の記入 日誌および連絡帳記入 布団片づけ 着替えの始末 おやつ準備 おむつの始末 保育室の片づけ
14:45	おやつ 自由遊び おむつ交換	おやつの援助 子どもと一緒に遊ぶ おむつ交換をする	おやつの配膳・片づけ おむつの始末 連絡帳記入・整理 保育室の片づけ 子どもの荷物の整理・確認
16:30	順次降園 自由遊び おむつ交換	子どもの引き渡し 保護者対応 子どもと一緒に遊ぶ おむつ交換をする	保育室の片づけ・掃除 おむつの始末 おむつ交換コーナーの片づけ
17:00	夕方保育開始 自由遊び 順次降園 延長保育児補食 おむつ交換	当番への引継ぎ 子どもと遊ぶなどして過ごす 延長保育児の補食援助 子どもの引き渡し 保護者対応 保育室の移動の援助 おむつ交換をする	補食準備・配膳・片づけ 延長保育児荷物確認 保育室の安全確認 おむつの始末
18:15	延長保育開始 自由遊び 順次降園 	当番への引継ぎ 子どもと遊ぶなどして過ごす 子どもの引き渡し 保護者対応	 保育室の片づけ・整備
19:15	全園児降園		園舎の安全確認・施錠

2歳児のデイリープログラム

時間	子どもの生活	保育者の仕事	
		子どもとのかかわり	環境構成・準備や片づけ
7:15	開園・早朝保育開始 順次登園 自由遊び	子どもの受け入れ・健康観察 保護者対応 子どもと一緒に遊ぶ	保育室換気
8:30	通常保育開始 順次登園 室内で自由遊び 手洗い	当番より引継ぎ 子どもの受け入れ・健康観察 保護者対応 子どもと一緒に遊ぶ 手洗いの援助	保育室などの整備・安全点検 食事に関する準備 トイレ・おむつ交換コーナーの整備 おもちゃ拭き 連絡帳の確認 おやつの準備 使用したおもちゃの片づけ
9:15	おやつ 排泄 おむつ交換 自由遊び 遊びの片づけ 排泄 おむつ交換 手洗い・うがい	おやつの援助 排泄の援助 おむつ交換をする 子どもと一緒に遊ぶ 子どもと一緒に片づけ 排泄の援助 おむつ交換をする 手洗い・うがいの援助	出欠確認・調理室に人数報告 おやつの配膳・片づけ トイレの片づけ おむつの始末 遊びの片づけ トイレの片づけ おむつの始末 食事の準備
10:50	幼児食 排泄 おむつ交換 着替え	食事の援助 排泄の援助 おむつ交換をする 着替えの援助	食事の配膳・片づけ トイレの片づけ おむつの始末 保育室の片づけ 着替えの始末
11:45	午睡 目覚め 着替え 排泄 おむつ交換 手洗い	子どもの様子に合わせて眠る援助をする 顔を見せて気持ちよく起こす 検温 着替えの援助 排泄の援助 おむつ交換をする 手洗いの援助	布団敷き・室内環境整備 睡眠チェック表の記入 日誌および連絡帳記入 布団片づけ 着替えの始末 トイレの片づけ おむつの始末 おやつ準備 保育室の片づけ
14:45	おやつ 自由遊び 排泄 おむつ交換	おやつの援助 子どもと一緒に遊ぶ 排泄の援助 おむつ交換をする	おやつの配膳・片づけ トイレの片づけ おむつの始末 連絡帳記入・整理 保育室の片づけ 子どもの荷物の整理・確認
16:30	順次降園 自由遊び 排泄 おむつ交換	子どもの引き渡し 保護者対応 子どもと一緒に遊ぶ 排泄の援助 おむつ交換をする	保育室の片づけ・掃除 トイレの片づけ おむつの始末 おむつ交換コーナーの片づけ
17:00	夕方保育開始 自由遊び 順次降園 延長保育児補食 排泄 おむつ交換	当番への引継ぎ 子どもと遊ぶなどして過ごす 延長保育児の補食援助 子どもの引き渡し 保護者対応 保育室の移動の援助 排泄の援助 おむつ交換をする	 補食準備・配膳・片づけ 延長保育児荷物確認 保育室の安全確認 トイレの片づけ おむつの始末
18:15 19:15	延長保育開始 自由遊び 順次降園 全園児降園	当番への引継ぎ 子どもと遊ぶなどして過ごす 子どもの引き渡し 保護者対応	 保育室の片づけ・整備 園舎の安全確認・施錠

乳児保育の意義

1. 養護と教育が一体となって展開される保育

 乳児保育に関する社会的背景

　現在、子どもや子育て家庭を取り巻く社会的状況には多様な課題があります。その背景と多様な課題の要点を確認しておきましょう。

子どもを取り巻く社会の状況と課題

出生数の減少	きょうだい数の減少 遊び仲間の減少	共働き家庭の増加
少子高齢化	教育・保育施設の不足 待機児童の問題	女性の社会進出

地域とのつながりの希薄化		核家族化・家族の多様化
離婚率・未婚率の増加	遊び場の減少・遊びの変化 心身の健康・発達への課題	子育てに関する不安・ 負担感・孤立化の増大
貧困率の増加		児童虐待相談件数の増加

　このような状況において、保育所、幼保連携型認定こども園（以下、認定こども園と表記）等の教育・保育施設（以下、園と表記）や子育て支援事業への期待はますます高まり、その機能の充実が急務となりました。

　近年の子育てや保育に関する主な制度の流れを確認しておきましょう。

近年の子育ておよび保育に関する制度

2015（平成27）年 4月	「子ども・子育て支援新制度」がスタート。子育て支援の質と量の向上が目指される。乳児保育の場：保育所、認定こども園、地域型保育事業等へと拡大。
2017（平成29）年 3月	「保育所保育指針」「幼保連携型認定こども園教育・保育要領」「幼稚園教育要領」「小学校学習指導要領」「中学校学習指導要領」「高等学校学習指導要領」「特別支援学校学習指導要領」の改定・改訂が同時に告示。「保育所保育指針」「幼保連携型認定こども園教育・保育要領」「幼稚園教育要領」は2018（平成30年）年4月より施行。
2019（令和元）年 10月	「幼児教育・保育の無償化」導入。3〜5歳の子どもと0〜2歳の住民税非課税世帯の子どもの園での利用料が無料になる（一部、条件などあり）。

　保育所保育指針（以下、保育指針と表記）、幼保連携型認定こども園教育・保育要領（以下、教育・保育要領と表記）、幼稚園教育要領（以下、教育要領と表記）の改定・改訂は、現代の子どもを取り巻く諸問題を改善し、子どもの心身の健やかな発育・発達を目指して同時に告示されました。乳児保育に関して特に注目すべき点はこれまで一緒に示されていた0歳児の保育と1・2歳児の保育が分けられ、ていねいに示されたことです。

　また、これまで重視されてきた子どもの認知能力に加え、忍耐力、自己統制力、自尊感情などの社会的情動スキル（非認知能力）を育むことが、子どものその後の人生にとって重大な意味をもつことが明らかになりました。0・1・2歳の時期に基本的信頼感を獲得し社会的情動スキルの芽生えを育むことが大切です。これらの意味からも乳児保育（3歳未満児の保育）の重要性が改めて認識され、保育の充実と質の向上が求められています。

養護と教育が一体となって展開される保育とは

　保育は「養護」と「教育」が一体となって展開されるものです。乳児保育は保育所、認定こども園、地域型保育事業等、さらに児童福祉施設である乳児院等においても行われています。ここで養護と教育の意味、乳児保育の3つの視点（本書p.98～99参照）、1歳以上3歳未満児の5領域（本書p.106～108参照）との関係を確認しておきましょう。

養護と教育が一体となった保育

言葉
言葉の獲得に関する領域（言葉の感覚・表現する力を養う）

人間関係
人とのかかわりに関する領域（人とかかわる力・自立心を養う）

（乳児）身近な人と気持ちが通じ合う

表現
感性と表現に関する領域（豊かな感性や表現する力を養う）

（乳児）健やかに伸び伸びと育つ

（乳児）身近なものと関わり感性が育つ

教育
さまざまな活動を通して子どもの心身の健全な発達、身につけることが望まれる育みたい資質・能力、そして心情・意欲・態度の育ちを支えていく。
発達の援助

健康
心身の健康に関する領域（安定感・生活習慣・安全な生活を送る力を養う）

環境
身近な環境とのかかわりに関する領域（環境への好奇心・探究心・環境とかかわる力を育む）

養護
子どもが安定した生活を送り、充実した活動ができるようにする。
保育者の援助

生命の保持
保育者は、子どもが快適かつ健康で安全に過ごせるようにし、健康な体をつくる活動を行う。

情緒の安定
保育者は、子どもを温かく受け止め、心の安定を図り、信頼関係を築く。

2. 一人一人を大切にしたかかわり

 一人一人が大切にされるていねいなかかわり

　子どもの発育・発達には大きな個人差があります。さらに成育歴や家庭環境も異なり、個性や好みの違いも加わり、一人一人の子どもの発達や生活リズムに合わせた保育を行う必要があります。それには、特定の保育者が一人一人の子どもの発達過程や個性、個人差を把握してかかわることが大切です。そして保育者には、ただ単に子どもの生理的欲求を満たすだけではなく、やさしい語りかけや抱っこやおんぶなどのスキンシップをとり、愛情をもって子どもにていねいにかかわり、援助をすることが求められます。それが子どもの生命の保持と情緒の安定を図ることにつながります。

 特定の保育者との継続的なかかわり

　保育所保育指針に「特定の保育士が応答的に関わるように努めること」（第2章1（3）イ）と示されているように、特定の保育者が一人の子どもに継続的にかかわることが重視されています。乳児は特定の保育者の愛情豊かで受容的・応答的なかかわりに支えられて、安心して園生活を送ります[1]。

　そして、慣れ親しんだ保育者と共に過ごす喜びを感じるようになり、情緒的な絆を形成し、基本的信頼感を獲得します。特定の保育者との絆を基盤にして、遊びの時間には担当以外の保育者ともかかわり、次第に人とのかかわりを広げていきます。そして、社会の中でさまざまな人とかかわっていく力の基礎が育まれていくのです[2]。

事例　特定の保育者への安心感……0歳児クラス

　0歳児の担任をしているY保育者は、U介くん（6か月）、N美ちゃん（7か月）、A香ちゃん（10か月）を担当し、授乳や離乳食、おむつ交換や着替えなどは一対一でなるべくY保育者が行うようにしている。Y保育者は3人の子どものお気に入りのおもちゃや、好きな歌や食べ物、眠いときの癖などを把握しており、3人の子どもたちはY保育者とかかわるときには安心して落ち着いているように見える。

　Y保育者が早番や遅番などのシフト勤務や保育室に不在のとき、個別の援助をしているときには、ほかの保育者が見ていてくれる。U介くんやN美ちゃんは、Y保育者が保育室に戻ってくると特別な笑顔を見せる。A香ちゃんは最近、はいはいでY保育者のあとを追うようになった。

受容的・応答的なかかわり

　自分のしたいこと、してほしいことを言葉で伝えられない0歳児ですが、表情や仕草、発声や喃語、泣きや行動でその思いを伝えようとします。保育者は子どもの小さな変化やサインを見逃さないようにして受け止め、やさしく語りかけるなど温かく応答します。

> **事例**　抱っこしようね……R太くん（3か月）
>
> 　登園後、母親のおっぱいを飲んでお腹がいっぱいになったR太くんは、保育者に抱かれて気持ちよさそうな表情を見せる。保育者が子守歌をうたうとそのまま眠ってしまう。ベビーベッドに移動したR太くんの様子を保育者は近くで見守る。1時間ほどするとR太くんは目を覚まし泣きはじめた。保育者は「Rちゃん、起きたのね。おしっこが出たかな。おなかがすいたかな。抱っこしようね」とR太くんをやさしく抱き上げると、R太くんは泣き止んで保育者の顔をじっと見つめる。

　保育者はR太くんが目覚めて泣きはじめるとすぐにベビーベッドに向かい、R太くんに語りかけ抱っこします。R太くんは安心したのでしょう。保育者の顔を見て泣き止んでいます。子どもの生命を守りながら、乳児の泣きに対しておむつ交換なのか、授乳なのかなど生理的欲求に対応すること、同時に抱っこされて安心したかったのかなど情緒の安定を図ることなど、乳児の訴えを察して、適切にかかわることが大切です。このような受容的・応答的なかかわりが人への信頼感につながっていきます。

> **事例**　ここにいるよ……M子ちゃん（10か月）
>
> 　M子ちゃんは、はいはいができるようになり、保育室の中を移動するようになった。手の届くところにあるおもちゃを取ろうとしたり、ときには壁につかまって立とうとする様子が見られる。保育者は保育室のすみに座り、M子ちゃんの様子を見守っている。M子ちゃんはお気に入りのおもちゃを見つけて棚の裏側に移動する。おもちゃを手にしてまわりを見まわすと、急に表情が硬くなり泣きはじめた。「Mちゃん、どうしたの。コロリン（おもちゃのこと）見つけたの。よかったね。先生ここにいるよ」といいながら保育者が近づくとM子ちゃんは泣き止み、笑顔を見せた。

　はいはいを楽しんでいるM子ちゃんは、おもちゃを見つけて保育者に「あったよ」と伝えたかったのでしょう。しかし保育者が見えず不安になったのです。保育者はM子ちゃんの思いを受け止めて近くに行き、M子ちゃんの思いを言葉にして伝えます。保育者のこのかかわりでM子ちゃんは安心したことがわかります。保育者が子どもの思いを受け止めて、肯定的な言葉かけをするなど、適切にかかわること（受容的・応答的なかかわり）で、子どもは情緒を安定させて園生活を過ごすことができます。

3. 子どもの自己の育ちと主体性を保障する保育

 子どもの「自分でしたい」思いを受け止める

　子どもは発達に伴い自分の興味・関心を広げ、「こうしたい」という思いや、他者に「～してほしい」という要求をもつようになります。自分、すなわち「自己の芽生え」です。子どもは他者に思いや要求を伝えようとしますが、うまく伝わらないこともあります。それでも保育者は子どもの思いを受け止めようとする姿勢をもち、子どもの「自分で」という気持ちや「～したい」という思いを保障しようとすることが大切です。

> **事例　自分で靴が履きたい**……T也くん（1歳8か月）
>
> 　保育者が「お外で遊ぼう」と誘うと、T也くんは下駄箱から自分の靴を取り出し一人で履こうとする。ファスナーテープを外して右足を入れようとするが、靴が動いてしまって履けない。保育者が手伝おうとすると、靴を両手にもって「自分で」という。保育者は「Tちゃん、自分で履くのね」といって見守ることにした。T也くんは今度は左足を入れようとするがうまく履けない。他児は保育者に手伝ってもらってみんな園庭に出てしまった。保育者は「Tちゃん、少しだけお手伝いしようか」と言葉をかけるとT也くんは「ウン」とうなずき、保育者に手伝ってもらい靴を履き、元気に園庭に出ていった。

　「自分で」靴を履きたいT也くんの気持ちが伝わってきます。保育者が手伝おうとすると靴を抱え込む姿からは「一人で履きたい」という強い思いがわかります。思いはあるものの発達上まだむずかしいこともあり、なかなか思い通りにいかないこともよくあります。このようなとき、保育者は子どもの思いを尊重して、見守ること、待つことができるとよいでしょう。どのタイミングで言葉をかけて手助けをするのかの判断はむずかしいものですが、子どもは信頼する保育者に見守られ支えられながら気持ちを切り替えて前に進むことができます。

 子どもの思いがぶつかり合うとき

　一人一人の子どもに自己の育ちが見られるとき、他児への関心も高まってくるので、お互いの思いがぶつかり合う場面が見られるようになります。保育者は一人一人の子どもの主体的な思いを大切にしながら、子ども同士のかかわりの中で育まれることを大事にしてかかわります。子ども同士の思いがぶつかり合う事例を見てみましょう。

> **事例　ダメダメダメ**……A斗くん（2歳10か月）
>
> 　2歳児クラスの保育室、A斗くんが赤いブロックをつなげてクルマをつくっている。それを見てK男くん（2歳7か月）も同じようにブロックをつなげはじめた。しばらくするとA斗くんがK男くんに「ダメダメダメー」と大きな声で叫んでいる。保育者が「どうしたの？」と聞くとA斗くんが「赤、使ってたのに」と半分泣き顔で訴える。「Kちゃん、Aちゃんが使ってたんだって」と保育者がいっ

てもＫ男くんも赤いブロックを手放さず納得できない様子である。「Ａちゃん、Ｋちゃんも赤いの使いたいんだって」と保育者が伝えるがお互いに譲らない。保育者は「どうしよう。赤いのはもうないし……」と２人にいうと、Ａ斗くんはオレンジ色のブロックを見つけて続きをつくりはじめた。

　２人の子どもに自分の思いがあり、それが一つのものに向かったことでぶつかり合いになった事例です。保育者は双方の子どもの気持ちを言葉にしてていねいに伝えていくことで、子どもは自分の思いをわかってもらえた安心感を得て、いつか相手も同じような思いをもつ存在であることに気づいていくことでしょう。この事例ではお互いに納得できる形でおわっていません。保育者も困惑しているのですが、無理やり納得させたり、解決に導くことがよいとは限りません。こうした経験をくり返すことでいつか相手の思いを受け入れることができるようになることに願いをもって、かかわっていくことも必要でしょう。

 援助のポイント

▶ 子どもの健康と安全を支え、情緒の安定を図る
　子どもが快適にかつ健康で安全に過ごせるように環境を整え、子どもを温かく受け止め、心の安定を図りながら愛情をもってかかわります。

▶ 子どもを理解し、一人一人の主体性を尊重する
　月齢や年齢にかかわらず、子どもの欲求や要求、気持ちや思いを理解しようとする姿勢をもって、主体性や子どもの自己の育ち（「自分で」という気持ちなど）を大切にします。

🏠 家庭との連携のポイント

● 多様な家庭の状況があることを理解して、保護者の立場に立って、ていねいに必要な連絡や協力依頼をしていきましょう。

● 保護者の思いも聞きながら、一人一人の子どもの心身の健全な発達や情緒の安定を大切にして保育をしていることを保護者にわかりやすく伝えましょう。

演習課題

● 調べてみよう！
　・出産後、早く仕事に復帰したい母親の気持ちや、子育て不安について調べてみましょう。
● 考えてみよう！
　・本書 p.18 〜 19 の事例「ダメダメダメ」を読んで、２人の子どもの気持ちを考えてみましょう。
● 実践してみよう！
　・本書 p.18 〜 19 の事例「ダメダメダメ」について、子どもへの具体的な保育者のかかわりをロールプレイなどで実践してみましょう。

第2回 0～3歳までの発育・発達

　ここでは、各年齢の「身体・生理的機能」「全身運動」「手指の操作」「認知・言語」「対人関係」「食事」「排泄」「睡眠」の発育・発達について確認していきます。2歳・3歳については自立に向かう「着脱」「清潔」を加えています。

　乳児保育の対象は本来0・1・2歳児ですが、園では4月以降誕生日を迎えると1歳上の年齢となり、2歳児クラスでは2歳と3歳が混在します。そのため、ここでは3歳までの発育・発達の特徴や道筋を確認します。なお、以下に示す発育・発達はおおよその目安です。子どもには大きな個人差があること、さらに各項目がそろって発達するのではないことに留意し、目の前にいる子どもの発達や心身の状態をよく見てかかわることが重要です。

1．0歳児の発育・発達の特徴

0歳児前半 ── 発育・発達のおおよその目安

　出生から半年の間には著しい発育・発達が見られます。誕生時の体重は生後3～4か月ころにはおよそ2倍になり、首がすわり、次第に寝返り、腹ばい、支えられてお座りができるようになります。視覚や聴覚なども発達し、見たものに手を伸ばす目と手の協応動作などが見られます。また、泣きや笑いなどの表情の変化が見られ、声や喃語などを発し、応答する特定の大人との間に情緒的な絆ができていきます。

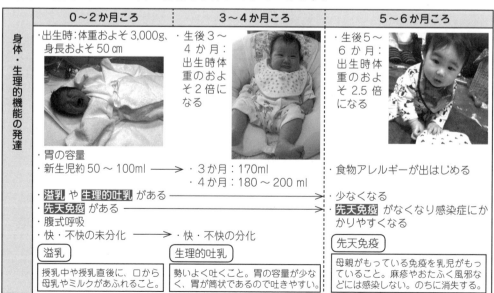

	0～2か月ころ	3～4か月ころ	5～6か月ころ
身体・生理的機能の発達	・出生時：体重およそ3,000g、身長およそ50cm	・生後3～4か月：出生時体重のおよそ2倍になる	・生後5～6か月：出生時体重のおよそ2.5倍になる
	・胃の容量 ・新生児約50～100ml ──→	・3か月：170ml ・4か月：180～200ml	
	・溢乳 や 生理的吐乳 がある ──────→		・少なくなる
	・先天免疫 がある ───────────→		・先天免疫 がなくなり感染症にかかりやすくなる
	・腹式呼吸		・食物アレルギーが出はじめる
	・快・不快の未分化 ──→ ・快・不快の分化		

溢乳	生理的吐乳	先天免疫
授乳中や授乳直後に、口から母乳やミルクがあふれること。	勢いよく吐くこと。胃の容量が少なく、胃が筒状であるので吐きやすい。	母親がもっている免疫を乳児がもっていること。麻疹やおたふく風邪などには感染しない。のちに消失する。

	0～2か月ころ	3～4か月ころ	5～6か月ころ
全身運動の発達	・原始反射 が見られる ・自発運動 が見られる ・腹ばいにすると、手足を盛んに動かし頭を上げようとする 原始反射 胎児期から見られる反射で、生きていくために必要な反射。 主な原始反射は、吸啜（哺乳）反射（口唇探索反射、捕捉反射、嚥下反射）、把握反射、モロー反射、バビンスキー反射、歩行反射、非対称性緊張性頸反射など。 自発運動 外的刺激に関係なく四肢を動かすこと。	・原始反射が消えはじめる ・随意運動 が見られる ・首がすわる ・頭をもち上げられる 随意運動 原始反射ではなく、自分の意思で体を動かす。  首がすわる 抱かれたときに首がぐらぐらしない状態。 ピボットターン お腹を床につけて支点にして、回転（方向転換）する。 	・足と足を合わせる、手で足をもつなどして遊ぶ ・寝返りをする  ・グライダーポーズ や ピボットターン が見られる ・支えられてお座り（背中を丸くして両手をついて座る）をする グライダーポーズ うつ伏せの姿勢で、頭と両腕・両足を上げて、飛行機のような姿勢をとる。
手指の操作の発達	・親指を中にして軽く握っている ⟶ ・ものをもたせると数秒握る ・手を口にもっていってしゃぶる	・親指が外に出てくる ・ハンドリガード が見られる ハンドリガード 仰向けの姿勢で、腕を顔の前に上げて自分の手を見つめる。 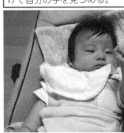	・5本の指がすべて開いてくる ・目と手の 協応動作 が見られる 協応動作 目で見たものに手を伸ばす、目と手が連動して機能する動き。 
認知・言語の発達	・人の顔やものを注視（じっと見る）する ⟶  ・身近な人の声や音に反応する（動作を止めるなど）	・180度追視ができる ・人の声と物音を聞き分ける 	・体を動かし360度追視ができる ・音のするほうへ目を向ける 

	0〜2か月ころ	3〜4か月ころ	5〜6か月ころ
認知・言語の発達	・**クーイング** がはじまる **クーイング** 舌を使わずに発する声で、喉の奥のほうから出す母音を中心とした音（「アー」「ウー」「クー」など）。	・**喃語** が出る（「アーアーアー」「ウックンウックン」など） **喃語（babbling）** 乳児が発する意味のない音声のこと。母音→子音＋母音。	・喃語が活発化する（バブー、ブープー、バーバー）
対人関係の発達	・あやしてくれる大人の目を注視する ・**生理的微笑** が見られる **生理的微笑** 人に対する微笑ではなく、心地よいときに見られる微笑み。	・あやすと微笑んだり声を出して笑う ・**社会的微笑** が見られる **社会的微笑** あやしてくれる人に向けて見せる微笑み（3か月微笑）。	・「いないいないばあ」に声を出して笑う ・大人に微笑みかける **二項関係** が見られる **二項関係** 「自分と他者」「自分ともの」の一対一の関係のこと。自分から人やものへの働きかけが見られる。
食事の発達	・およそ3時間おきの授乳 ・夜間は2回程度の授乳	・3〜4時間おきの授乳	・1日1回離乳食の開始
排泄の発達		・4か月ころになると、少しずつまとまって排尿する ・排尿間隔が短い ・おむつ替えの気持ちよさを感じる	・汚れを泣いて知らせる ・少しずつ間隔が長くなり睡眠中は排尿しないこともある
睡眠の発達	・生活リズムは、空腹で目覚め、満腹で眠る	・生後4か月〜生体リズムが働きはじめる ・昼間は3回睡眠（授乳間隔により生活リズムがつくられていく）になる	

厚生労働省「平成22年乳幼児身体発育調査」2011、厚生労働省「保育所保育指針」2008、厚生省「保育所保育指針」1999、汐見稔幸・榊原洋一・小西行郎編『乳児保育の基本』フレーベル館、2007、園と家庭を結ぶ「げんき」編集部編『乳児の発達と保育─遊びと育児』エイデル研究所、2011 を参考に著者作成。

0歳児前半 ── 保育者の援助・大切にしたいこと

　保育者は常に一人一人の乳児に愛情をもって笑顔でかかわるようにします。乳児の泣きには、その理由を理解するよう努め、語りかけ・抱っこ・授乳やおむつ交換などはていねいに対応しましょう。授乳は落ち着いてゆったりとできるようにし、子どものペースに合わせて行います。授乳後には縦抱きにして排気を促し、吐物による窒息に十分に気をつけましょう。睡眠中は乳児のそばを離れず、定期的に観察（呼吸・顔色・姿勢・発汗など）し、うつ伏せ寝や乳幼児突然死症候群（Sudden Infant Death Syndrome；SIDS　何の前ぶれもな

く睡眠中に呼吸が停止し死に至る疾患）に十分注意することが必要です。目覚めているときには、あやす、語りかける、歌をうたう、おもちゃを見せるなど楽しいかかわりを心がけ、機嫌がよいときには腹ばいの姿勢で遊べるように環境を整えましょう。

 ### 0歳児後半 —— 発育・発達のおおよその目安

　一人でお座りができるようになり、はいはい、つかまり立ち、伝い歩きが見られ、行動範囲が広がります。同時に腕や手指が動かせるようになり、身のまわりの人やものに興味を広げ、探索活動が活発になります。身近な特定の人との情緒的な絆が深まりかかわりを喜ぶとともに、知らない人に対する人見知りをしたり、特定の人の後追いをするなど分離不安を示す姿も見られます。喃語も活発になり自分の意思や要求を喃語や身振りで伝えようとします。生活の中の簡単な言葉や大人の表情がわかり、動作と結びつけられるようになっていきます。生理的な機能も発達し、食事も乳汁栄養（にゅうじゅう）（本書 p.36 参照）に加えて離乳食の段階が進み、自分で食べようとする意欲が見られるようになります。

	7〜8か月ころ	9〜10か月ころ	11〜12か月ころ
身体・生理的機能の発達	・生後7〜8か月：体重およそ8kg、身長およそ70cm ・母体免疫がなくなる　　　・外気温に影響されやすい ・突発性発疹（高熱） ・消化能力がついてくる ・乳歯が生えはじめる ・胸腹式呼吸になる		・胃の容量：200〜300ml ・大泉門 が閉じはじめる 大泉門 頭頂部中央の前方にある骨のない柔らかいひし形の部分でぶつけたり、押したりしないよう注意が必要。通常1歳〜1歳半ころ閉じる。
全身運動の発達	・支えられてお座りをする → ・一人で座る ・シャフリング をする　　シャフリング　はいはいをしないで、座ったまま腕を動かしてズルズルと前進すること。 ・うしろばい がはじまり、ずりばい、四つばい、高ばい と はいはい が進み、つかまり立ちが見られ、伝い歩き、そして片手を支えると歩くようになっていく。 　　はいはい（うしろばい → ずりばい → 四つばい → 高ばい）→ つかまり立ち → 伝い歩き → 片手を支えると歩く 　　はいはい 　　　うしろばい　お腹を床につけたまま、腕を前に伸ばしても、後ろに下がってしまうこと。 　　　ずりばい　お腹を床につけたまま、主に腕を使って前進すること。 　　　四つばい　ひじを曲げず腕を伸ばして、手の平とひざで体を支えて前進すること。 　　　高ばい　ひじを曲げず腕を伸ばして、ひざも床につけず脚を伸ばして、頭よりお尻の位置を高くして手の平と足で前進すること。		

ずりばい　　　　　四つばい　　　　　高ばい　　　　　つかまり立ち

	7〜8か月ころ	9〜10か月ころ	11〜12か月ころ
手指の操作の発達	・自分からものに手を伸ばしてつかむ ・顔にかかった布を取り去る 	・両手にものをもって打ち合わせる  ・もち替えができる ・入っているものを次々と出す ・ほしいものに 手さし をする 手さし 見ているものや関心のあるもの、ほしいものなどを手でさし示すこと。	・ものの出し入れを好む ・指先でつまむ ・要求の手さし、指さし をする 指さし 見ているものや関心のあるもの、ほしいものなどを指（主に人差し指）でさし示すこと。 
認知・言語の発達	・いろいろなものをなめる、噛む、しゃぶる  ・喃語がさらに活発化（強弱・高低）する	・名前を呼ばれると振り向く ・反復喃語 や ジャーゴン 、音声模倣が見られる ・動作模倣が活発化する 反復喃語 「マンマン」「ダダダダ」など同じ音のくり返し。 ジャーゴン 特定の人だけに通じる意味のわからない言葉。乳児が文章を話しているかのような抑揚のある音声。	・名前を呼ばれると手を上げる ・初語、一語文 が出る ・理解できる言葉が増える ・「ちょうだい」などにも応じる 初語 はじめて話す、意味のある単語。「マンマ」など。 一語文 自分の思いや欲求を含む1つの単語を話すこと。「マンマ」（食べ物がある、食べたいな）、「ワンワン」（ワンワン見つけた）など。
対人関係の発達	・人見知り がはじまる ・大人に対して自分から積極的・自発的に働きかける 人見知り 知っている人と知らない人を見分けて、見知らぬ人に対して表情を硬くしたり、顔を背けたり、泣いたりすること。 	・分離不安 がはじまる ・大人と同じ遊びを楽しむ ・他児と同じことをする ・三項関係 が見られる 分離不安 自分の世話をしてくれる身近な人が見えなくなると泣いたり、自分から離れようとすると後追いをしたりすること。8か月不安と呼ばれることもある。 	・分離不安が強まる ・他児のしていることに興味を示し自分もしようとする ・他児のもっているものに手を出す 三項関係 自分と他者、自分とものという「二項関係」が発達したもので、自分・他者・ものの関係。子どもが手さしや指さしをしたものを大人も見る「共同注意」や、大人が見ているものを乳児も見ようとする「視線追従」について、大人が言葉を添えると、乳児はそれを見て聞いて言葉を獲得していく。 

	7〜8か月ころ	9〜10か月ころ	11〜12か月ころ
食事の発達	・1日2回　離乳食（舌でつぶせる固さ） ・食べ物を見ると手を伸ばす ・スプーンやコップをもとうとする 	・1日3回　離乳食（歯ぐきでつぶせる固さ） ・ビスケットなどを手にもって食べる ・好みが出てくる	・1日3回　離乳食（歯ぐきで噛める固さ、乳歯で噛みつぶせる・噛み切れる固さ） ・18か月ころまでに離乳完了 ・食べたいものを指さしで要求する ・スプーンをもとうとしたり手づかみで食べる
排泄の発達	・1回の尿量増加、回数が減少する	・排尿間隔が長くなる	
睡眠の発達	・昼間は2〜3回の睡眠となる	・1歳前後には午前と午後の2回睡眠になる。	

厚生労働省「平成22年乳幼児身体発育調査」2011、厚生労働省「保育所保育指針」2008、厚生省「保育所保育指針」1999、汐見稔幸・榊原洋一・小西行郎編『乳児保育の基本』フレーベル館、2007、園と家庭を結ぶ「げんき」編集部編『乳児の発達と保育—遊びと育児』エイデル研究所、2011を参考に著者作成。

🍃 0歳児後半 —— 保育者の援助・大切にしたいこと

　目覚ましい全身運動の発達と手指の発達が見られる時期で、はいはいなどによって行動範囲が広がり、身のまわりのものや人への興味が広がります。安全に安心して動きまわることができ、乳児が興味をもってかかわることができる環境を用意することが重要です。また、特定の大人との信頼関係を基盤にして探索活動を楽しむので、保育者は人見知りや分離不安などに対して、乳児が安心感をもてるようにかかわります。

　子ども一人一人の個性や表現の仕方を理解し、一対一の触れ合いを大切にしながら、子どもの意欲を尊重して、ていねいにかかわるようにしましょう。

2. 1歳児の発育・発達の特徴

 1歳児 ── 発育・発達のおおよその目安

　一人で立ち、歩行が開始すると、次第に押す・くぐる・登る・降りるなどができるようになり、さらに行動範囲を広げます。つまむ・めくる・引っ張るなど指先の動きも発達し、多様なものに関心をもって自分からかかわろうとする意欲を高めていきます。大人のいうことがわかり、初語や一語文（本書p.24参照）が出て、身振りで自分の気持ちを伝えようとしながら、次第に二語文（本書p.30参照）も獲得していきます。

　他児への関心が高まり、行動をまねたり同じことをしたがったりする反面、ものの取り合いやぶつかり合いなどが起きます。象徴機能（現実にはないものを思い浮かべるイメージする力）の発達により、ものを別のものに見立てる遊びも楽しむようになっていきます。1歳半ころには離乳が完了し、1日3回の幼児食と1〜2回のおやつに移行していきます。

	1歳前半	1歳後半
身体・生理的機能の発達	・1歳：体重およそ9kg（出生時のおよそ3倍）、身長およそ74cm（出生時のおよそ1.5倍） ・1歳半：体重およそ10kg、身長およそ80㎝ ・前歯、奥歯、犬歯が生える（乳歯は上下で12〜16本へ） ・出生時の脳の重量の3倍になる　　　　　・消化や代謝が成熟してくる 	
全身運動の発達	・一人で立つ ・不安定ながらに一人で歩行が見られる（歩くことそのものが楽しい、ふらふら・うろうろ歩く） ・階段をはって昇り降りできる ・ボールを両手でもって転がす 	・歩行が安定する（目的や方向性のある歩行） ・小走りや後ずさりをする ・高低差のある場所を歩く ・段差から飛び降りる ・ボールを片手でもって投げようとする 

	1歳前半	1歳後半
手指の操作の発達	・小さいものを親指と人差し指でつまんで入れようとする（指先の力の集中） ・積み木を2つ積み重ねる ・クレヨンでなぐり描きをする 	・押す、つまむ、めくる動作がよくできる ・三角や四角などの形合わせができる ・積み木など3個以上積む、並べる、合わせる 
認知・言語の発達	・指さしが盛んになる ・共同注意が見られる ・〜する「つもり」行動が芽生える ・一語文が出る ・ママ、ブーブーなど意味のある言葉をいう ・猫も犬も「ワンワン」という 	・ものに名前があることに気づき、「何？」と聞いたり、指さしをして知りたがる ・大人の言葉を受け止め、行動する ・「イヤ」「ダメ」「しない」などの否定語をいう ・体の部位を聞くと指をさすようになる（「お口はどこ」と聞くと自分の口をさす） 
対人関係の発達	・大人にバイバイやイヤイヤの身振りをする ・大人を遊びに誘う ・大人の行動をまねしようとする ・分離不安が強まる（後追い、大泣きなど） ・してほしいことやしたいことを声や言葉、指さし、動作で伝える ・自分でしたい気持ちが生じる（自我の芽生え） ・友達に向けた行動が見られる（抱きつくなど） 	・大人と追いかけ遊びを楽しむ ・自分で、〜したい、〜ほしい、という思いが強くなる。 ・やりたいことができないと、泣いたりかんしゃくを起こしたりするようになる ・だだをこねる ・他児とのかかわりが増えるがぶつかり合いも増える（「ダメ」「○○ちゃんの」、噛みつきなど） 
食事の発達	・離乳食から幼児食へ移行（1日3回の幼児食と1〜2回のおやつ） ・自分で食べようとする ・好みに合ったものを進んで食べる ・手づかみもあるが、スプーンやフォークなどの食具※や食器を自分で使いはじめる ※本書ではスプーンやフォーク、箸などの食べる際に用いる食器を食具と称す。	

	1歳前半	1歳後半
排泄の発達	・尿を膀胱にためられるようになる。排尿のリズムができはじめる ・昼間の尿間隔が2時間程度空くようになる 	・おむつがぬれたことを知らせる
睡眠の発達	・昼間、起きて遊んだりする時間が長くなる ・午後は1回睡眠になる	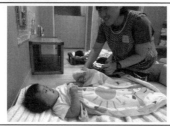 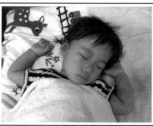

厚生労働省「平成22年乳幼児身体発育調査」2011、厚生労働省「保育所保育指針」2008、厚生省「保育所保育指針」1999、汐見稔幸・榊原洋一・小西行郎編『乳児保育の基本』フレーベル館、2007、園と家庭を結ぶ「げんき」編集部編『乳児の発達と保育—遊びと育児』エイデル研究所、2011を参考に著者作成。

 ## 1歳児 —— 保育者の援助・大切にしたいこと

　1歳児の発達の大きな特徴は歩行の開始です。保育者は安全に配慮し、子どもが伸び伸びと全身を使って動けるような環境を整えます。同時に無理なく遊びの中で手指を使うことを楽しめるようなおもちゃや保育教材を複数用意することも大切です。言葉の発達については、子どもが話しやすい雰囲気をつくり、言葉や表現を受け止めるようにします。子どもは大人が使う言葉を覚え、言葉の意味を理解するので、保育者は場面に応じた言葉や適切な言葉を使うように心がけることも必要です。子どもの「自分でしたい」気持ちを尊重し、自分でしようとする姿を温かく見守る・さりげなく援助するなどしていきます。「イヤ」「ダメ」などの否定や拒否が出てくる時期であるため、根気強くていねいにかかわりましょう。

　遊びの場面では、保育者が一緒に遊ぶことを通して、子ども同士の楽しいかかわりがもてるようにします。子ども同士の思いのすれ違いやぶつかり合いも起きますが、保育者は子どもの気持ちを受け止め、必要に応じて双方の気持ちを言葉にして、ていねいに伝えていきます。排泄や着替え、睡眠の援助、絵本の読み聞かせなど、保育者と一対一の触れ合いの機会を大切にし、ていねいに温かくかかわることを心がけましょう。

3. 2歳児の発育・発達の特徴

 ## 2歳児 —— 発育・発達のおおよその目安

　歩行が安定し、走る、跳ぶ、登る、片足立ちができるなど、基本的な運動機能が発達し、自分で動きを調整することができるようになっていきます。破く・ちぎる・貼る・描くな

ど手先の器用さも進み、食事や衣服の着脱、排泄に関することも自分でしようとすることが多くなります。その反面、保育者に依存したい気持ちもあり、自立と依存の間で揺れ動く時期でもあります。

　自分の意思や要求などを言葉で伝えられるようになると同時に、強い自己主張が見られるようになります。思い通りにならないとかんしゃくを起こしたり、頑なな態度を示すこともあります。象徴機能（本書p.26参照）がさらに発達し、見立て遊び、つもり遊び・ふり遊び（○○のつもり・○○のふりをして遊ぶ）、簡単なごっこ遊びが見られます。保育者を仲立ちにして、ものの貸し借りや順番、交代などが納得してできるようになっていきます。

	2歳前半	2歳後半
身体・生理的機能の発達	・2歳前半：体重およそ12kg（出生時のおよそ4倍）、身長およそ85cm ・奥歯が生え乳歯が20本そろう ・利き手が決まってくる ・新陳代謝が高まり、食べる量が増える ・消化、吸収、免疫の力がほぼ確立する	
全身運動の発達	・転ばず歩く ・その場で両足ジャンプ、飛び降りる、ぶら下がる、渡る、くぐるなどができる ・1段ずつ足をそろえて階段を昇り降りする 	・転ばずに走る ・1秒間片足で立てる ・体のバランスをとる（橋を渡る） ・足を交互に出して階段を昇り降りできる ・乗り物玩具を足でけって動かす 
手指の操作の発達	・細かい指の動きが可能になる ・指先を使って押さえる、引っ張る、ねじるができる ・手首を回転させてひねる、つなげる、はめる、通すことなどができる ・積み木を高く積む ・大きなボタンやホックをはめる ・円描画（ぐるぐるした曲線）をする 	・粘土をちぎる、伸ばす、丸めることができ、できたものに意味づけをする ・ハサミの1回切りができる ・閉じた丸を描き、描いたものを見立てる ・クレヨンで意識的な線を描きはじめる 

	2歳前半	2歳後半
認知・言語の発達	・ものの大きさに興味をもち、大小、多少などを比べる ・丸・四角などの形の区別がつく ・順番がわかり待てる（待てないこともある） 	・男の子と女の子の違いに興味を示す ・人の仲介でものの貸し借りや交替ができる（「順番」「みんなの」） ・自分の思いを言葉にしたり、相手の思いを受け止めたかかわりをしはじめる 

・**二語文**を話すようになり、単語数が急増し、**多語文**を話すようになる

二語文（300語前後）──────→　単語数の急増（500～1,000語近く）──────→　多語文へ

二語文	多語文
2つの単語をつなげて話すこと。「パパ、いた」「ワンワン、行った」など。	3つ以上の単語をつなげて話すこと。「ぼく、お風呂、入る」「ご飯、おいしい、もっと、食べる」など。

・一生懸命話そうとする
・「これ何？」「なんで？」など質問が増える
・簡単な挨拶がいえる（「こんにちは」「さようなら」「いただきます」「ごちそうさま」など）
　　　　　　　　　　　　　　・自分の氏名、年齢、友達の名前がいえる
　　　　　　　　　　　　　　・自分の思い・経験したことを言葉で伝えようとする

対人関係の発達	・何でも自分の力でしようとするがうまくいかず、かんしゃくを起こしたり、頑なな態度をとることがある ・自立と依存の間で揺れる（自分でしたい反面「できない」と大人に手伝ってもらいたがる） ・好奇心が強くなり、さまざまなことに興味をもってまねをしたり世話をしようとする ・他児の行動に興味をもち、まねをしたり、かかわりが増えるが、ぶつかり合いも多くなる

平行遊び	並行遊びともいう。数人の子どもが同じ場所で同じ遊びをしながら、お互いにかかわりをもたない遊びの状態のこと。

・自分のすることを「見てて」と見ていてほしがる
・友達をなぐさめたりする場面がある
・少数の友達と見立て遊びをする
・**平行遊び**が見られる

食事の発達	・自分で食べる 	・食べ物の好みがはっきりしてくる 

排泄の発達	・膀胱に尿がたまった感覚や、大便をしたい感覚があり、排泄を予告できる ・排便時間も固定し1日1回程度になる ・特に個人差が大きい	・トイレで排泄できるようになる

睡眠の発達	・午睡が1日1回（1時間半～2時間）と安定し、夜間もあまり起きなくなる ・自分から睡眠に向かう 	

	2歳前半	2歳後半
着脱の発達	・援助されながら自分で着替える ・自分で靴を履く	
清潔の発達	・保育者の手を借りて手を洗う ・援助をしてもらいながら鼻をかむ ・ぶくぶくうがいをするが、うまくできないことも多い	・自分で手を洗う

厚生労働省「平成22年乳幼児身体発育調査」2011、厚生労働省「保育所保育指針」2008、厚生省「保育所保育指針」1999、汐見稔幸・榊原洋一・小西行郎編『乳児保育の基本』フレーベル館、2007、園と家庭を結ぶ「げんき」編集部編『乳児の発達と保育—遊びと育児』エイデル研究所、2011を参考に著者作成。

 ### 2歳児 —— 保育者の援助・大切にしたいこと

　運動機能の発達に伴い、さまざまな体を使った遊びがくり返し楽しめるような安全な環境と、子どもの興味や関心に沿った手指を使った遊びや素材も用意します。自分でしたい気持ちが強くなるので、子どもが扱いやすいものや、着脱しやすい衣服、わかりやすく使いやすい環境を用意します。自分でできたときには認め、うまくいかないときにはさりげなく手伝ったり、「もう少しでできるね」などの言葉をかけ、子どもの次への意欲につながるようにしましょう。

　象徴機能の発達には子どものイメージを大切にしながら保育者も一緒に遊び、遊びの楽しさが広がるようにします。発達段階を考慮した遊具やおもちゃ、素材・道具などを用意します。友達への関心が高まり、かかわりも増えますが、子ども同士で仲よく遊ぶというより、自分の遊びを楽しみたい時期なので、ついたてなどで遊びの場を区切ったり、同じ場所で同じ遊びができるように工夫するとよいでしょう。強い自己主張や友達とのぶつかり合いの場面には、保育者が穏やかに子どもの気持ちを言葉にして伝え、気持ちが落ち着くようにかかわります。子どもは保育者に気持ちや欲求を受け止められることで安心し、徐々に他児を受け入れられるようになり、他者とのかかわりを身につけていきます。

4. 3歳児の発育・発達の特徴

 ### 3歳児 —— 発育・発達のおおよその目安

　よじ登る・飛び降りる、片足ケンケン跳びができる、三輪車をこぐなどの基本的な運動能力が育ち、自分の身体感覚がより高まっていきます。手指の発達も一層進み、ハサミやのりを使ったり、箸を使って食事をすることができるようになります。同時に、食事や排

泄、衣服の着脱などの生活習慣は自立に向かい、「自分でできる」という自信につながり、保育者の手助けを必要としなくなります。

　日常生活に必要な言葉のやりとりができ、語彙数が急速に増えます。知的な好奇心も高まり質問も増え、保育者や友達と話すことで多様な表現をするようになります。数の概念の基礎や時間の流れ、色の名称、数量の感覚、記憶力など知的な側面の発達も見られます。

　友達への関心がさらに強まり、自分の遊びを楽しむだけでなく、友達と同じイメージをもって同じ遊びを楽しんだり、順番を守ろうとしたり、貸し借りができるようになっていきます。

	3歳前半	3歳後半
身体・生理的機能の発達	・3歳前半：体重およそ15kg（出生時のおよそ5倍）、身長およそ95cm ・感染に強くなる	
全身運動の発達	・基礎的な運動能力が育つ ・よじ登る、飛び降りる、ボールの下手投げ、つかまらず階段の昇り降り、跳び越える、両足連続跳びなど、粗大運動の基礎ができ 粗大運動 姿勢を保ったり、バランスをとったり、移動したり、全身を使って大きく動く運動のこと。 	・片足ケンケン跳びができる ・三輪車を足でこぐ 
手指の操作の発達	・ゆっくりであれば、右手と左手で別の動きができる ・積み木を巧みに扱う ・ハサミの連続切りができるようになる（ハサミの扱いは十分な注意が必要） ・クレヨンなどで丸と線や点を組み合わせて描き、顔を描くようになる ・頭足人を描く ・自分なりの「つもり」をもって描こうとする  	頭足人 頭（顔）から直接、手や足が生えた絵。このころの子どもの絵に現れる特徴。

	3歳前半	3歳後半
認知・言語の発達	・おしゃべりが盛んになり、話し言葉の基礎ができる ・形容詞が増える（「かわいい」など） ・何でもめずらしく興味の対象になる ・因果関係に気づき盛んに質問する（「どうして？」「なんで？」「なぜ？」「誰？」など） ・楽しかったこと、怖かったこと、見聞きしたことを覚えている（認識力・記憶力が高まる） ・3までの数や色の名前（赤・青・黄・緑など）、台形やひし形の違いがわかる ・注意力や観察力が伸び、日常経験を再現した遊びが見られる ・独立した存在として行動しようとしたり（明確な自我）、ものの名前や機能を理解しようとする	
対人関係の発達	・自分の思いを強く主張し、言葉で反抗する反面、泣いて大人を求めたり、甘えたりする ・人の役に立つことを喜び、お手伝いをしたがり、一人でできたことは認めてほしがる ・平行遊びが多いが、少しずつ友達と分け合ったり、順番を守ろうとするなどして、一緒に遊ぶようになる	
食事の発達	・スプーンやフォーク、箸を使って食べる ・落ち着いて食事ができるようになる ・食行動が自立する	
排泄の発達	・自分で排泄できるようになるが、排便後の援助は必要である ・昼間のおもらしは少なくなる	・排泄がおおむね自立する
睡眠の発達	・午睡が1時間半〜2時間程度になる ・夜間もぐっすり眠るようになる	
着脱の発達	・自分で着脱するようになるが、できるのにしたくないと甘えることもある ・自分でボタンをはめようとしたり、ファスナーの上げ下げをしようとしたりするが、うまくできないこともある	・着脱がおおむね自立する
清潔の発達	・自分で鼻をかめるようになるがうまくできないことも多い ・ぶくぶくうがいができるようになるが、まだできない子どももいる	・手洗いが自立する

厚生労働省「平成22年乳幼児身体発育調査」2011、厚生労働省「保育所保育指針」2008、厚生省「保育所保育指針」1999、汐見稔幸・榊原洋一・小西行郎編『乳児保育の基本』フレーベル館、2007、園と家庭を結ぶ「げんき」編集部編『乳児の発達と保育―遊びと育児』エイデル研究所、2011を参考に著者作成。

 3歳児 —— 保育者の援助・大切にしたいこと

　さまざまな動きや運動をくり返し楽しめるような遊びや環境を用意します。「できる」という自信が高まるので、さまざまな場面で危険や事故の予防に対する援助や配慮は引き続き必要です。制限や約束を多用したり強要するのではなく、子どもが危険について考えられるようにしたり、自分で気をつけようと思えるような働きかけをしていくことが大切です。

　数や色、数量の感覚、時間の流れの理解の基礎が見られ、記憶力なども高まる時期なので、無理なく楽しく遊びの中で感じたり、気づいたりできるような工夫もしてみましょう。

　自分のイメージを実現する遊びに集中できる空間を設けたり、友達とかかわって遊べる空間やもの、イメージが広がるような素材や道具なども用意し、友達と一緒に使ったり、貸し借りができるように数や種類の増減を工夫することも求められます。

5．各月齢・年齢の発達の理解と保育者の援助

　出生から3歳までのおよそ3年間、子どもは心身ともに飛躍的に発育・発達をしていきます。大人のかかわりがないと生命の維持すらむずかしい新生児期から、身のまわりのことがほぼ自分でできて他者と言葉のやりとりができるまでの育ちには、そのときどきに適切な大人のかかわりが必要不可欠で、大人のかかわりが子どもの育ちに大きく影響します。

　乳児保育を学ぶにあたり、子どもの心身の発育・発達の道筋を理解しておくことは、適切な援助をする上で大変重要な意味をもちます。各月齢・年齢のおおよその発育・発達の目安を理解した上で、個々の子どもには大きな個人差や個性があること、さらに子どもを取り巻く人や環境、育ちの背景（成育歴）があることを理解し、目の前にいる子どもの育ちの力を信じて愛情をもってかかわることを心がけてください。

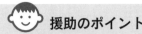 **援助のポイント**

▶ **発達を考慮した保育と個人差を理解したかかわり**

月齢や年齢により子どもの理解力やできることが異なります。発達に応じた場やものを整え、子どもが無理なく自主的に活動できるような保育をしましょう。発達には大きな個人差があり、心身の諸機能がバランスよく発達するわけではありません。目の前にいる子どもの姿（発達）を的確にとらえて、愛情をもってかかわりましょう。

▶ **発達をせかさない**

発達に伴い自分でできることが増えていきますが、じっくり取り組むことを大切にして、せかしたり"できる"ことを急がないかかわりを心がけましょう。

家庭との連携のポイント

● 子どものその時期の発達の特徴や、0歳から就学までの発達の過程などを園だより・クラスだより、クラスの掲示板、懇談会などで保護者にわかりやすく伝えます。

● 送迎時の会話や連絡帳（本書 p.133 参照）などで、子どもの様子を伝え、保護者が発達に気づいたり、この先の育ちが楽しみになるようにし、発達の姿をともに喜びましょう。

● 保護者に発達の姿は大きな個人差があることを伝え、ほかの子どもと比べたり、不安にならないように、ていねいにかかわります。

● 子どもの発達に伴い、かかわりのむずかしさが生じたり、保護者の不安や戸惑いが変化することを理解して、保護者の気持ちに寄り添い、一緒に考える姿勢をもちましょう。

● 子どもの発達段階に合わせた衣服や持ち物の準備や、園生活や行事など必要な事項については、保護者にわかりやすくていねいに説明し、理解と協力を求めます。

演習課題

● **調べてみよう！**

・0歳から3歳までの全身運動または手指の操作の発達について復習し、それぞれの時期に適した環境や遊びの内容や遊具・おもちゃを調べてみましょう。

● **考えてみよう！**

・「人見知り」と「分離不安」について復習し、情緒の安定に配慮した保育者のかかわりについて、具体的に考えてみましょう。

・0・1・2歳児および2歳児クラスの3歳児の子どもの発達の姿をイメージして、それぞれの担任保育者には、具体的にどのような配慮が必要か考えてみましょう。

● **実践してみよう！**

・0・1・2歳児および2歳児クラスの3歳児、いずれかの年齢を対象に、発達と興味を考慮した保育教材（絵本・紙芝居・ペープサート・パネルシアターなど）を選択・作成し演じてみましょう。

第2回

食事の援助と環境

第**3**回

人間の営みとしての食事は、栄養摂取ということだけではなく、食事を通して人とかかわることの心地よさや楽しさを感じたり、人同士が気持ちよく過ごすためのマナーを身につけるなど、人が豊かに生きていくための重要な営みの一つです。乳児期は生理的早産ともいわれるように未熟な状態であるため、出生してからの子どもの食事は、約1年半（18か月）かけて、授乳、離乳を経て、幼児食へと移行していきます。保育者は、子ども一人一人の発達に合わせた食事への細やかな援助や配慮を行い、子どもの豊かな食生活を支えます。

1. 調乳・冷凍母乳

園では、産休明け児（生後57日目）から入園しており、乳児は約1年、母乳または育児用ミルク（以下「ミルク」。母乳およびミルクを総称して「乳汁栄養」とする）を飲んでいます。調乳や冷凍母乳の取り扱いは、看護師、調理師、または保育者が行います。乳児が心地よい授乳のひとときとなるための第一歩として、調乳（ミルクをつくること）および冷凍母乳の解凍方法を理解して身につけておきましょう。

調乳の手順

調乳は、調理室で調理師が行う場合もありますが、この時期の子どもの食事という意味から、日々の子どもの様子を理解しているクラス担任保育者が調乳室で調乳する場合も少なくありません。では、調乳の準備と手順について確認しましょう。

調乳の準備と手順

準備　粉ミルク、消毒した哺乳瓶、一度沸騰させたお湯の入ったポット

調乳の手順

①指先や指の間、爪も含め、しっかりと手を洗い、消毒をする。

注意：保育者の健康状態（風邪やけがなど）によっては、調乳は避ける。

②一度沸騰させたお湯（70℃以上）を消毒した哺乳瓶に出来上がり量の2/3程度入れる。

注意：70℃以下にならないよう沸騰させたお湯は30分以上、放置しないように気をつける。

注意：粉ミルクのメーカーによっては先に粉ミルクを入れる場合もあるため、使用する粉ミルクのメーカーの手順に従う。

③専用のスプーンで粉ミルクの量を正確に量り、哺乳瓶に入れる。

④フードをして泡立てないように軽く振り、粉ミルクを溶かす。

フード
乳首
（ニプル）
キャップ

注意：乳首部分などは、手でさわらず、消毒したピンセットなどで装着する。

⑤フードを外し出来上がり量までお湯を足す。

⑥フードをして、泡立てないようにゆっくり哺乳瓶を振り、粉ミルクを溶かす。

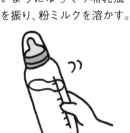

⑦30～40℃程度の人肌にミルクを冷ます。

注意：不純物が入らないよう、冷ます際にはキャップより下に水を当てる。

⑧少量のミルクを腕の内側などに垂らし、温度を確認し、授乳担当の保育者に渡す。

注意：複数調乳した際には、どの子どものものかしっかりと確認し、調乳後はすぐに授乳する。残ったミルクは必ず廃棄する。

第3回

　保育者が調乳するということは、子どもの食事を取り扱う立場であり、衛生面については十分に配慮した上で行う必要があります。また、保護者の意向や子どもの発達や体調、好みなどによって、粉ミルクのメーカーや調乳量、温度などが異なります。子どもがお腹をすかせたタイミングに合わせて調乳するため、調乳する時間もそれぞれ異なるなど、子ども一人一人に合わせて調乳するのです。このように考えると、調乳は"その子のミルク"といった感覚をもって、一つ一つの手順をていねいに行うことが求められます。

冷凍母乳の解凍

　冷凍母乳とは、母親が搾乳器や手で絞った母乳を冷凍したものです。手順を守って解凍することによって、母親から直接母乳を飲むのと同じ味や栄養素を乳児に与えることができます。母乳の栄養は、乳児にとって一番ふさわしいものであることを理解し、自分の子どもを大切に思い"母乳栄養で育てたい"と考える保護者の気持ちをしっかり受け止めて対応することが大切です。さまざまな事情により、粉ミルクを使用する母親への配慮も忘れないようにしましょう。

　母乳は、母親の心身の状態により出る量が異なるため、預かる量も異なります。母親の心身の状態についても把握するようにし、安心できるように援助をしていくことが求められます。また、冷凍母乳を預かる際には、いくつ預かっているのか、あとどれくらい保管されているのかなど、保護者と送迎時に確認し合うようにしましょう。

　次頁に冷凍母乳解凍の準備と手順を示しますので、確認しましょう。

冷凍母乳解凍の準備と手順

準備 冷凍母乳、消毒した専用のハサミ、消毒した哺乳瓶、湯（お湯を入れた桶など）

解凍の手順

①指先や指の間、爪も含め、しっかりと石けんで手を洗い、消毒する。

②冷凍母乳を冷凍庫から取り出し、18℃以下の流水で解凍する。

③流水で解凍後、40℃くらいの湯煎で温める。

④消毒した専用のハサミで切る。

⑤解凍した母乳を泡立てないように哺乳瓶に入れ、上下に振りよく混ぜる。

注意：乳児が口にする乳首部分などは直接、手でさわらず、消毒したピンセットやハサミなどで装着する。

注意：ハサミの刃は消毒しておく。

⑥名前をしっかりと確認した上で、授乳する。

注意：保育者の健康状態（風邪やけがなど）によっては、冷凍母乳の解凍は避ける。

 援助のポイント

▶ **衛生面の配慮をする**

乳児が飲むものなので、調乳や冷凍母乳の解凍の際は、衛生面への配慮は最優先です。調乳室内、哺乳瓶、調乳のための道具、洗浄道具などの扱いには十分な配慮をしましょう。

▶ **個別性を重視する ── その子だけの乳汁およびミルク**

哺乳瓶、乳首の形態、ミルクの種類、乳汁、それぞれの哺乳量、飲みやすい温度など、乳児一人一人異なります。つまり、その子だけの乳汁・ミルクであることの意識をもちましょう。

▶ **職員との連携を大切にする**

調乳や冷凍母乳の解凍をするときには、保育者が子どもから離れるため、ほかの保育者に調乳室に入ることを伝え、子どもの保育をお願いすることになります。職員同士が柔軟に気持ちよく連携していく意識をもつようにしましょう。

2. 授 乳

授乳の援助

　乳児自身がぐずったり泣いていても、保育者はなぜ不快なのかわからなかったり、子どもも言葉で伝えられなかったりします。保育者は、乳児の様子から、眠いのか、お腹がすいたのか、お尻が気持ち悪いのかなど、その原因が何なのか探り当てていく必要があります。そして、授乳の際には「お腹がすいたのね」と言葉をかけてタイミングよく授乳することで、"お腹がすいた""お腹がいっぱい"という感覚がわかるようになり、お腹を満たした満足感につながっていきます。また、授乳は、乳児の生命を維持するためだけの行為ではなく、"お腹がすいた"という不快から"お腹が満たされた"という快への満足感を経験したり、特定の大人と一対一のスキンシップによる心地よさを感じるひとときでもあります。これが、人の営みの一つである"楽しく食事をする"出発点となります。

　これを、集団生活が基本となる園において日々の保育の中で実現していくためには、職員の連携が必要不可欠です。事前に保育者同士の連携を確認したり、その都度言葉をかけていきながら、一人一人の心地よい授乳の時間を確保できるように努めていきましょう。

授乳の際の留意点

　授乳をする際には、まず哺乳瓶にセットするキャップの乳首（ニプル）の形状が乳児に合っているか確認します。さまざまなサイズや形状があるため、保護者と確認しながら乳児の乳汁を吸う量に合わせて選びます。

　授乳の際の抱っこは、保育者が安定して座れるように、背もたれがあり、足がつく椅子やソファで行いましょう。乳児一人一人、安心する抱き方や角度は異なるので、子どもの動きや表情を確認しながら、心地よさを感じられるように工夫します。また、保育者の健康状態（風邪をひいているなど）によっては、子どもの健康管理のため、授乳は避けるようにしましょう。

乳首（ニプル）の種類

　乳児は、発達していくにつれて飲むペースが変化するため、サイズや形状を子どもの発達に合わせて変化させていくことが大切です。

☘ 乳首のサイズ

【SS】新生児期　【S】生後1か月ころ
【M】生後3か月ころ　【L】生後6か月ころ

☘ 乳首の形状

【丸穴】	【スリーカット】	【クロス】
⊙	Ⓨ	⊗
自然にミルクが出る	吸う力でミルクの量が変化する	クロスはスリーカットより哺乳量が多い。

✿Column✿ 液体ミルクについて

　2018（平成30）年8月8日に厚生労働省が乳児用液体ミルクの規格基準を定めた省令を改正・施行し、国内で製造・販売することが可能となりました。育児負担の軽減や災害時の救援物資として注目され、園においても避難リュックの中に常時入れておくようにもなりました。しかし、飲み残すと雑菌が繁殖しやすいため取り扱いには十分な注意が必要となります。

授乳の準備と手順

準備 安定したソファ、おしぼり、授乳用ガーゼ、ミルク

注意：できるだけ同じ保育者が授乳を行うよう配慮する。

授乳の手順

注意：保育者の健康状態（風邪やけがなど）によっては、授乳は避ける。

①手を洗い消毒したあと、安定した椅子やソファにしっかりと座る。子どもをひざの上に抱き、おしぼりで手や顔、口のまわりを拭く。

②子どものあごの下に授乳用ガーゼを当てる。その子どもが飲みやすいミルクの温度を確認し、「○○ちゃん、ミルクどうぞ」などと声をかけてから授乳する。

注意：子どもの口の中に乳首を含ませたら、ミルクの出る量を哺乳瓶のキャップを緩めたり閉めたりして調節する。

注意：哺乳瓶の底を高く上げ、瓶の中の空気を吸わないようにする。

③一対一の心地よさが味わえるように目を見つめて話しかけながら、15分程度を目安に飲ませる。授乳中は静かなゆったりとした雰囲気を大切にする。

④授乳後は、口や顔などを拭き、肩にあごがくるように上半身を縦にして抱き上げ背中をさすり排気させる。あごにはガーゼを当てる。

⑤授乳ボード（下記）や連絡帳、日誌などに授乳の記録をつける。

授乳ボード												(時間)
	8	9	10	11	12	13	14	15	16	17	18	
○○ちゃん					180cc							
○○ちゃん												
○○ちゃん												

 援助のポイント

▶ **授乳はいつもかかわる保育者が同じ場所で行う**

授乳は、いつもかかわる安心できる保育者が同じ場所で行うことによって、乳児は安心した心地よいひとときを過ごすことになります。保育者は、乳児が乳汁を飲んでいる様子を見ながら、受容的に応答的に「おいしいね」など、やさしく言葉をかけていきましょう。

▶ **落ち着いた雰囲気を大切にする**

授乳場所は保育室の中でも落ち着いたスペースに設定し、乳児だけではなく保育者も安心・安定した気持ちになれることが大切です。外の光が差し込みすぎず、まわりの視線もあまり感じないように、保育室の隅やついたてを使うなどの工夫をしましょう。

▶ **職員同士の連携を密にする**

授乳は乳児と保育者が一対一で行うことが基本となります。園では集団で生活することが大前提であるため、一人の乳児の授乳をしている間は、それ以外の乳児をほかの保育者が保育することになります。お互いの動きを意識しながら、言葉をかけ合い、連携を密にしていくことが大切です。

3．離乳食

　離乳とは、"母乳または育児用ミルクなどの乳汁栄養から幼児食に移行する過程"をいいます。離乳の開始はおよそ生後5か月ころで、離乳の完了はおよそ18か月ころといわれていますが、これはあくまでも目安です。離乳を開始する際の目安になる具体的な姿は、大人が食事をしている姿をじっと見る、それを見て口をモグモグ動かす、あるいは授乳の際の突き出し反射（口にものが入ると舌を前後に動かす）が薄れてくるなどがあげられます。

 ## 離乳食の援助

　離乳食は、自ら食べようとする意欲を大切にすることを重視し、乳児の口腔機能の発達に合わせて進めていきます。つまり、保育者は、"○か月だから移行しよう"など、乳児の月齢で進めていくのではなく、乳児の食べるときの口の動きや食事の摂取量などをよく観察して、乳児の食べる姿全体をとらえて進めていくことが大切となります。

　離乳食は、一品をスプーン1さじから開始して少しずつ食品やスプーンに慣れていく「離乳初期」からはじまり、上唇と上あごで食べ物を取り込み、上あごと舌でつぶして食べる「離乳中期」、手づかみ食べをするようになり、食べ物を歯ぐきの上でつぶす「離乳後期」、一口量がわかるようになり、手づかみ食べが上手になり、スプーンやフォークなどを使って食べる「離乳完了期」と進んでいきます。離乳食の時期は、食事に関する新たな経験や発見がある時期となります。子どもと食べ物の出合いを大切に受け止め、子どもの気持ちに寄り添い、思いを共有する言葉かけや援助をすることが大切です。

離乳と子どもの口の動きの変化

時期	離乳初期 （生後5〜6か月ころ）	離乳中期 （生後7〜8か月ころ）	離乳後期 （生後9〜11か月ころ）	離乳完了期 （生後12〜18か月ころ）
食べ方の目安	○子どもの様子を見ながら1日に1回1さじずつはじめる。 ○母乳や育児用ミルクは飲みたいだけ与える。	○1日2回食で食事のリズムをつけていく。 ○いろいろな味や舌ざわりを楽しめるように食品の種類を増やしていく。	○食事のリズムを大切に、1日3回食に進めていく。 ○共食を通じて食の楽しい体験を積み重ねる。	○1日3回の食事リズムを大切に、生活リズムを整える。 ○手づかみ食べにより、自分で食べる楽しみを増やす。
調理形態の目安	なめらかにすりつぶした状態	舌でつぶせる固さ	歯ぐきでつぶせる固さ	歯ぐきで噛める固さ
歯の萌出の目安	乳歯が生えはじめる（6〜8か月ころ）。 6〜8か月 → 1歳 → 1歳半			1歳前後で前歯が8本生えそろう 離乳完了期後半ころ、奥歯〈第一乳臼歯〉が生えはじめる。
摂食機能の目安	口を閉じて取り込みや飲み込みができるようになる。 唇を閉じて飲む	舌と上あごでつぶしていくことができるようになる。 唇を左右同時に伸縮	歯ぐきでつぶすことができるようになる。 唇を片側ずつ伸縮	歯を使うようになる。

参考資料：厚生労働省「授乳・離乳の支援ガイド」改定に関する研究会「授乳・離乳の支援ガイド」2019年

 援助するための食器・食具

　離乳の時期は、乳児は自分で食べることはむずかしいため、保育者は援助用スプーンを使用していきます。乳児一人に一本の援助用スプーンを用意して、口に運んだり、子どもの様子に合わせて食べ物の大きさを小さくするなどします。その援助用スプーンは、乳児の一口量がのせられる大き

離乳期の食器と援助用スプーン

さであり、それで食べる援助をすることにより、乳児は自分の一口量を理解していきます。

　保育者が子どもの食事の援助を行いやすくするために、小皿など用意するのもよいでしょう。あまり食べたくない食べ物を乳児の皿から減らしたり、援助用スプーンを置いたりなどします。

 援助のポイント

▶ **離乳食の援助はいつもかかわる保育者が同じ場所で行う**

　離乳期は、授乳と同じようにいつもかかわる安心できる保育者と、いつも決まった場所で食べることが大切です。多くの新しい経験を重ねる時期なので、食べている表情や仕草の変化などをていねいに受け止めてかかわっていきましょう。

▶ **乳児の身体発達に合わせた椅子やテーブルを用意する**

　離乳初期は、保育者のひざの上に子どもが座り抱きながら食べますが、乳児の身体発達の状況に合わせて、食卓椅子やひじかけ椅子など適切な椅子に座って食べるようにします。テーブルの高さも子どもの体に合わせるようにし、椅子に座った際には足が床につくようにします。足が不安定な場合には足置き（足をのせる台）などを用意しましょう。

食卓椅子

ひじかけ椅子

足置きのある椅子

▶ **保育者の動線を考えた環境づくりを行う**

　離乳期の食事は、食事がおわると授乳になったり、食事に慣れてくるとおかわりをする姿も見られます。保育者が、その都度に立つ、座る、移動するなどの動きをすると、落ち着いた雰囲気をこわしてしまうので、常に食事中の保育者の動線を考えたテーブルやワゴンなどの配置を考えていくことが大切です。

▶ **職員同士の連携を密にする**

　授乳と同様に、離乳食のかかわりも一対一が基本となるため、職員同士の連携を密にしていきましょう。

4. 子どもの状態に合わせた食事の援助

 実際の子どもの姿から援助を考える

　食事は、子どもの体調や生活リズムの乱れ、子ども自身の機嫌などに大きく影響される生活の営みです。また、乳児はお腹が痛くても自分の言葉で"お腹が痛い"など伝えることはむずかしいため、じゅうたんにゴロゴロしたり、ぐずる、泣くなどの行動で表現します。保育者は、子どもの状態をよく観察し、把握しながら、適切にかかわっていくことが大切です。ここでは、事例を通して園でよく見られる子どものさまざまな状態に合わせた食事の援助について考えていきます。

 子どもの成長に寄り添うことの大切さ

> **事例**　もうすぐごはんなんだけど……C恵ちゃん（1歳4か月）
>
> 　保育室で遊んでいたC恵ちゃんが、最近はそのようなことはないのに、ほふく室で絵本を手にして座って見ているうちに、柵にもたれかかってウトウトしていることに保育者が気づく。あと10分ほどで食事になるので、保育者は抱っこして、やさしく「眠くなっちゃったね。もうすぐごはんなんだけど……」と言葉をかける。C恵ちゃんは、一度目を開けるものの再び目を閉じてしまう。

　この時期の子どもは、午前寝と午後寝をくり返しながら、午後寝1回になっていく時期です。このような場合、保育者は午前寝をして機嫌よく食事をしたほうがよいと理解はしていますが、できればほかの子どもと一緒に食事をおわらせてほしいと思ってしまうことも多いでしょう。しかしそれでは、子どもを集団で動かす行為となり、子どもの主体性を尊重したことにはなりません。食事は"落ち着いた雰囲気の中で楽しく食事をする"ことが基本であることを考えれば、ここでは無理に起こすことなく、午前寝をしたあとに機嫌よく食事をすることが望ましいといえます。この時期の子どもは、毎日、いつも同じように生活することはありません。保育者は"こういう日もある"と受け止め、子どもの成長を待つことが大切なのです。

 子どもの気持ちの安定を一番に考える

> **事例**　久しぶりの登園で……N紀くん（11か月）
>
> 　N紀くんは、入園して3か月、保護者から受け入れをするとき、一度泣く姿はあるものの、すぐに落ち着いて遊びはじめるようになった。離乳食が後期食に慣れてきたところで、8日ほど家庭の都合で欠席となった。久しぶりに登園してきたN紀くんは、受け入れのときに大きな声で泣き、なかなか気持ちを遊びに向けられずにいる。気持ちよく遊ぶことができないままに、食事の時間となった。いつもなら喜んで食卓椅子に座って、楽しみにする様子があるが、保育者の抱っこから離れようとせずしがみつく。

夏休み等で長期にわたってお休みをすると、子どもは、園生活が"いつもと異なる生活"という感覚になり、不安を感じやすいものです。事例のように泣いたり、保育者から離れなくなったりして、食事どころではなくなることもあります。保育者は、連絡帳や保護者からの連絡を踏まえて子どもが休み中にどのように過ごしたかを理解した上で、子どもの不安な気持ちを受け止め、まずは少しでも安心して食事ができるような状態にすることが大切です。保育者が抱っこしたまま食べる援助をしたり、あるいはほかの子どもの食事がおわってから、ゆっくり一対一で食べる環境を整えていくなどが望ましいでしょう。そして、いつもの量を食べることより食べられるだけ食べればよいくらいの心持ちが大切となります。

その他、長い休みで考えられるのは、体調不良もあげられます。この場合は、久しぶりの登園への不安だけではなく、体調がスッキリしない状況であることから、食事は保護者と確認して、可能であれば離乳食を1段階前に戻す（後期食から中期食に変更するなど）など工夫します。そのようなことがむずかしい場合は、消化がよく食べやすいメニューを用意するなどの配慮をしていくようにするとよいでしょう。

"いつもと違う"姿には子どもの気持ちを尊重し経過観察する

事例　お部屋がいい……K乃ちゃん（2歳3か月）

今日は天気もよく、園庭で好きな遊びで遊ぶ。戸外遊びが大好きなK乃ちゃんは、おやつがおわると自分で外に出る準備をして遊びはじめるのだが、今日はおやつをやっと食べおわると、絵本コーナーで座り込んで、保育室にはK乃ちゃんと保育者だけになる。保育者は「K乃ちゃん、どうしたの？　具合悪い？」と聞くとK乃ちゃんは「お部屋がいい」とポツリという。保育者は「そうなんだ」と気持ちを受け止め、保育室で過ごす。念のため検温したが平熱であり、連絡帳にも体調に触れた書き込みはなかった。

食事になると食欲がないようで、あまり食べ物を口に運ぶことがない。保育者が「これ食べてみる？」とすすめても、「いらない」とくり返す。

明らかに体調が悪いわけではない、何となくいつもと違う、元気がないなどのときには、体調が悪くなる前兆であったり、子どもなりに何か不安を抱えているなどが考えられます。どのような場合でも、検温したり「どこか痛い？」と聞くなど、体調の確認をしていくとともに、経過観察をしていくことが重要です。K乃ちゃんの場合は、K乃ちゃんだけが保育室で遊ぶことになると、保育者が一人保育室に残るため、ほかの保育者との連携は欠かせない状況になります。このような場合にも事例のように無理に外遊びに誘うなどせず、柔軟な体制がとれる連携を日ごろから大切にしておく必要があります。

食事でも、K乃ちゃんの姿に変化が見られないことを考えると、保育者は言葉ですすめながらも無理をせず、K乃ちゃんに任せ、もし食べないようであれば、「ごちそうさまし

ようか」と区切りをつけることも必要でしょう。無理して席につき、食事が苦痛とならないように配慮することが大切です。そして、場合によっては、保護者に状況を報告することを考えておく必要があるでしょう。

　ここにあげた事例からもわかるように、食事の場面だけを切り取って、いかに対応すべきかを考えることはとてもむずかしいものです。子どもが食事の時間になるまでにどのように過ごしているのか、ということを理解することが、適切な食事の援助につながっていくのです。また、保育者は食事が生命を維持する側面で大切であるがゆえに、つい"食べてほしい"と思ってしまいがちですが、子どもが食べない姿、食が進まない姿などには必ず理由があることを認めて、無理強いせずに様子を見ていくことを心がけましょう。

 援助のポイント

▶ **落ち着いた雰囲気づくりを心がける**

　食事は、日々の生活の大切な営みであり、「いただきます」から「ごちそうさま」まで落ち着いた雰囲気の中で、心地よく食事ができるようにする工夫をしていくことが求められます。具体的には、保育者は子どもが座る席やテーブルの高さ、配置などの配慮をする、子どもの援助をする際の保育者の動線をできるだけ短くする、保育者が過度に手を出しすぎず必要な援助をしていくなどがあげられます。

▶ **子どもが"食事が楽しみ"と感じるように保育者がかかわる**

　食事は、ただ栄養を摂取する行為ではなく、人と会話をしたり一緒に食べることを通して心を豊かにしていく大切な営みといえます。保育者が一緒に食事の挨拶をしたり、「これはニンジンだね」「おいしいね」などと子どもの思いや様子に合わせて言葉をかけていき、食事の時間が楽しいひとときとなるようなかかわりを大切にしましょう。

▶ **子ども一人一人に合わせた適切な援助をする**

　子どもの発達状況やその日の体調やそのときの気持ちによって、食事の様子は大きく変わっていくものであることを理解して、基本的には目の前の子どもに任せつつ、"食べてみよう"と思えるような言葉かけや援助を心がけていくようにします。また、この時期の子どもの食事は"食材との新しい出合い"でもあるので、無理に食べさせようとせず、食材との楽しい出合いとなるようにかかわっていきましょう。

Column　食べ物に制限のある子ども

　園では、食物アレルギーのある子どもや外国籍で宗教上食事の配慮が必要な子どもに、特定の食材を除去した食事を用意します。食物アレルギーのある子どもは食物アレルゲン（本書 p.93 参照）となる食物の除去、宗教上食事の配慮が必要な子どもは、宗教で禁止されている食べ物の除去をします。どちらも生きる上で重要であるため、保育者はテーブルを別にしたり、区別するためにお盆にのせて提供するなど、誤食を防ぐための細やかな配慮を行っています。子ども自身は、自分がほかの子どもと異なる食事であることを自覚する必要があり、そうでない子どもは、そういう友達もいることを認めていくことが大切です。保育者が隠すことなく「○○ちゃんはこれを食べるとかゆくなっちゃうんだよね」「○○くんは、お家でこれを食べない約束になってるんだよね」など、互いに認めていけるようにしていきましょう。

5. 子どものさまざまな食事の姿への援助

　子どもは、著しく発達する過程の中で、食事のときにもさまざまな姿が見られます。ときには、目の前の子どもに寄り添う際に、困ってしまう場合もあるでしょう。しかし、その一つ一つの姿を成長している姿としてとらえていき、常に肯定的な視点をもってかかわっていくことが大切です。ここでは、園の食事において見られるさまざまな子どもの食事の姿を取り上げて、その援助のポイントを解説していきます。

自分で食べる

　子どもの食事は、保育者に全面的に援助されて食べることからはじまり、著しく発達する中で、手づかみや食具（本書 p.27 参照）・食器を使って"自分で食べる"といううれしい経験を積み重ねていきます。ここでは、その子どもの姿について具体的に考えていきましょう。

手づかみから食具を使って食べるまでの子どもの姿と保育者の配慮

手づかみで食べる

　手づかみで食べるという動きは、自分の手で口に運ぶという食事の自立の第一歩といえます。また、手づかみで食べることを十分に経験した子どもは、手指の調整を学んで食べ方も上手になっていきます。手づかみを禁止せずに子どもの食べる意欲を認める援助が大切です。
　子どもの食べる様子を把握し、必要であれば調理室に依頼し、食べ物をスティック状に切るなど、手づかみしやすい形状にする工夫をしていくとよいでしょう。

スプーン・フォークを使って食べる

　食具のもち方は、肩から手指にかけての発達が深く関係しており、はじめはスプーンを使い、徐々にフォークも使えるようになります。はじめは、上手（うわて）もちで肩を軸にして動かして食べます。その後、ひじや手首を使えるようになると、下手（したて）もちでひじや手首を動かし、それを十分にしていくことで手指のコントロールができるようになり、大人と同じもち方（鉛筆もち）になっていきます。
　はじめは、食具をもちながら手づかみで食べます。手先の動きが発達してくると、自らすすんで食具を使いはじめる姿が見られますが、こぼしてしまったりすることも多くあります。保育者が子どもの発達状況を見て言葉をかけたり、経験を積み重ねていくことによって、食具をコントロールして使えるようになります。

| 上手もち | 下手もち | 鉛筆もち |

🍀 箸への移行

スプーンが上手に使えるようになり、親指・人差し指・中指でつまむ動きができるようになります。つまむ動きを十分にすることが、箸を使って食べる準備となります。箸を使って遊ぶ経験などをくり返した上で、食事のときも徐々に箸を使っていくとよいでしょう。

この時期の子どもは、自己の獲得に向けて気持ちが揺れ動く時期です。あせらず、移行できるように配慮していきましょう。

また、園によっても箸への移行時期の考え方はさまざまです。目の前の子どもの発達過程に合わせて考えていくことが大切です。

鉛筆もち

🍀 ストロー・コップで飲む

ストローの使用は、離乳がはじまり、母乳や哺乳瓶の使用回数が徐々に減るおよそ生後6か月以降ですが、そのタイミングには大きな個人差があります。子どもの様子を見ながら、水分をストローで飲む経験を重ねて飲めるようになっていきます。

コップの使用は、大人がコップをもち、子どもの口に当てて飲ませることはおよそ生後6か月以降で、自分でコップをもって飲もうとするのはおよそ生後9か月以降が目安になります。個人差があるので、その子どもに合わせて援助していく必要があります。

ストローもコップも、はじめはこぼすことが多くなりますが、経験を積み重ねてスムーズになっていくため、くり返し使う機会をもつことが大切です。

🍂 食事場面における子どもの姿への対応

食事は、人の営みとして、何より「楽しく食べること」が大切です。そのため、保育者には、子どもの発達の特徴などから見られる姿を肯定的に受け止め、楽しい食事となるようていねいに対応していくことが求められます。ここでは、よく見られる食事場面における子どもの姿から、その対応について考えていきましょう。

食事におけるさまざまな子どもの姿と保育者のかかわり

🍀 遊び食べ

子どもは、ある程度お腹がいっぱいになると、食べ物で遊びはじめる姿が見られます。煮物のじゃがいもをつぶして遊んだり、こぼれた汁を手のひらでテーブルに広げるなど、その姿はさまざまです。"食べ物を粗末にしている"という視点からいけないこととして注意したほうがよいと考える保育者もいるでしょう。しかし、子どもの発達の視点から見ると、遊びと生活が混沌としている状態であるため、当然の姿ともいえます。

子どもの遊び食べをする姿を肯定的に受け止め、「じゃがいもさん、食べてっていってるよ」など、言葉をかけたり、「そろそろごちそうさましようね」と食事をおえるように配慮しましょう。

食べ物の好き嫌い

　子どもは、離乳がはじまり、さまざまな食材の味を経験する中で、好き嫌いが出てきます。それは、さまざまな味がわかるようになり成長したからこその姿であることを、保育者がまず認めていくことが大切です。そして、嫌いな食べ物は少量にするなどの配慮をした上で、「一口食べてみる？」「よかったらどうぞ」など無理強いしない程度に言葉をかけて、その気になったときに、いつでも食べるチャンスをもてるようにしていくとよいでしょう。

　保育者は"何でもおいしく食べてほしい""きれいに全部食べてほしい"などの思いから、ときに強くすすめてしまう場合も少なくありません。食べ物の好き嫌いは、発達とともに変化し、友達関係によっても変化することから、無理なくテーブルに用意しながら自ら食べる姿を待つようにしましょう。

おしゃべりが多い

　子どもにとって食事が楽しい時間であることは一番大切なことです。楽しかった遊びのこと、家庭での生活などを話しながら食べることは、さらに楽しいひとときとなります。しかし、2歳を過ぎて、食べることと話すことのバランスがうまくいかずに、おしゃべりが多くなり、なかなか食べおわらない子どもの姿が見られることがあります。

　保育者は、楽しく食事をしている子どもの気持ちを受け止めながら、食事に気持ちが向くように言葉をかけたり、ある程度お腹がいっぱいならごちそうさまをするようにして区切りをつけていけるようにしましょう。

食が細い

　園での給食は、一人当たりの摂取量が献立に示されています。しかしながら、子どもによって食べる量はそれぞれで、その中でも保育者が心配するのは食の細い子どもです。長時間保育の傾向にある中で、"お腹がすいてしまうと機嫌よく過ごせないのではないか"と心配になるのです。

　だからといって、お腹いっぱいの子どもに"もう一口"とすすめるのはよくありません。午後のおやつを多めに用意するなど、できるところで配慮していくことが大切となるでしょう。

噛めずに口にためてしまう

　子どもによっては、食材を噛んだあと飲み込めずに口にためてしまう姿が見られます。これは、肉や魚、繊維質の多い野菜の場合が多く、咀嚼をして食べ物を舌で奥に送り込み飲み込む一連の行為がうまくできないことから起こります。

　しかし、経験を積み重ねていくことで解決される場合も多いため、保育者は、「カミカミしようね」といった言葉をかけて噛むことに意識を向けていけるようにするなどの援助が大切です。楽しく食事をしながら発達を促していけるようにかかわっていくことが求められます。

よく食べる

　食事に意欲をもって、たくさん食べたがる子どももいます。しかし、子どもは食べたい思いとお腹がいっぱいという状態が結びつかずに、食べすぎてしまうことがあるので、保育者はおかわりについてもどれだけ食べたか把握して、「このおかわりを最後にしましょうね」など見通しをもって伝えていくことが大切です。

　その際、食べたくて泣いてしまう子どももいます。そのときには「そうだよね、今日のご飯おいしかったからもっと食べたかったね。また食べようね」などと、泣いている子どもの気持ちを認めて、区切りをつけていくとよいでしょう。

 援助のポイント

▶ **食事をする子どもの姿から子どもの思いを読み取る**

子どもの食事の姿はさまざまであり、一見、食事の援助をする保育者から見ると困る場面もありますが、"どうしてこのようなことをするのか？""こういう姿を見せるのはなぜか？"といった視点で考えていくと、適切な援助を見出すことができることが多くあります。子どもの姿をよく観察し、普段から適切な援助を考えていくことが大切です。

▶ **前向きな言葉かけや子どもの思いを尊重した働きかけを心がける**

子どもにとって楽しい食事となることを大切にするためにも、「〜したらダメ」と否定的な言葉を使ったり、「〜を食べないと〜しない」と交換条件を出すようなかかわりは避けましょう。「〜してみようか」「これはどう？」などと前向きな言葉かけや子どもの思いを尊重した働きかけを心がけていきます。

🏠 **家庭との連携のポイント**

● 授乳の時間や量については、連絡帳や送迎時のコミュニケーションなどを通して、細やかに報告し、降園後の授乳時間についても保護者が理解できるようにしたり、園での授乳の様子も伝えていきましょう。

● 園での食事において、新しい食材を食べるときには、家庭で一度食べる機会をもち、アレルギー症状などがないかどうか確認をしてもらうようにし、子どもの食事の安全について、保護者と保育者での共通理解をもてるようにしていきましょう。

● 園および家庭での離乳食の食べ具合や形状などを伝え合ったり、保護者が食事づくりなどについて相談できる保育者と保護者の関係性を大切にして、保護者が安心して育児ができるように、一緒に確認をしながら離乳食を進めていくようにしましょう。

● 思うように子どもが食べてくれないなど、子どもの食事についての悩みを抱えやすい時期のため、保育者は保護者に家庭での食事の様子を聞きながら相談できる雰囲気をつくっていき、保護者が安心して育児ができるようにしていきましょう。

演習課題

● **調べてみよう！**
・手づかみできる食材には、どのようなものがあるか、調べて書き出してみましょう。

● **考えてみよう！**
・授乳前・授乳中・授乳後の語りかけの言葉を考えてみましょう。
・各離乳の時期にかかわる保育者が大切にしたいことをまとめてみましょう。
・離乳を進めていくために保護者とどのような連携が必要か、考えてみましょう。

● **実践してみよう！**
・調乳を実践してみましょう。
・母乳パックに調乳ミルクを入れて冷凍母乳をつくり、その解凍をしてみましょう。
・赤ちゃん人形を使って、授乳の手順を実践してみましょう。

第4回　排泄の援助と環境

1．おむつ交換

 おむつ交換の援助

　おむつ交換は排泄物の始末をし、きれいなおむつに替えるだけでなく、子どもと保育者の一対一のかかわりの大切な時間です。やさしく語りかけたりスキンシップをするなど、子どもにとって心地よい時間になるようにします。特定の保育者がおむつ交換をすることや、交換後に気持ちよくなったことを言葉で伝えることも大切な援助です。

　おむつには紙おむつと布おむつがあります。どちらのおむつを使用するかは、保護者の意向や園の考え方によって異なります。どちらにしても、子どもが生活リズムや清潔の習慣を身につけられるよう、生活や遊びの節目や汚れたら取り替えるようにします。

┌─ **おむつ交換の準備と手順** ─┐

　準備　おむつ交換の場所をきれいにし、必要なものを用意しておく。

　準備するもの：おむつ、お尻拭き・清浄用の布・蒸しタオルなど、汚れたおむつ入れ、着替
　　え用の衣服、（子どもによって）お気に入りのおもちゃなど。
　準備するもの：おむつ、お尻拭き・清浄用の布・蒸しタオルなど、汚れたおむつ入れ、着替
　保育者の準備：石けんできれいに手洗いをする。

　　　　　┌──────────────────────────────┐
　　　　　│注意：子どもが下痢をしているとき、感染性の疾病が流行っているとき　│
　　　　　│　　　などには、使い捨てのゴム手袋をする。　　　　　　　　　　　　│
　　　　　└──────────────────────────────┘

　おむつ交換の手順

① 「おむつを取り替えましょうね」　② お尻からそっと下ろし　③ おむつを外し、ぬれタオルや
　「抱っこしますね」などと笑顔　　　て寝かせる。　　　　　　　お尻拭きなどで、やさしくて
　で語りかけ、おむつ交換の場に　　　　　　　　　　　　　　　いねいに汚れを拭き取る。
　移動する。

┌──┐
│注意：女児は性器に汚れがつかないように前から後ろに拭く。おむつかぶれがないか、皮膚に異常　│
│　　　はないかを確認する。排泄物の状態を確認し、汚れたおむつは内側に折り汚れ物入れに入れる。│
└──┘

④「お尻を上げてね」と語りかけ、腰の下に手を入れて、腰からもち上げるようにして、きれいなおむつを当てる。

注意：股関節脱臼の危険があるので、子どもの足首を手でもって引っ張り上げないようにする。

⑤湿り気が乾くまで、マッサージなどして待つ。お腹がきつくならないようにおむつを留める。ゆるすぎると漏れの原因になるので、大人の指が2本くらい入る程度を目安にするとよい。

＜紙おむつ（テープタイプ）の当て方＞

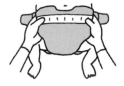

おむつを当てる。

片方のテープを留める。

逆側のテープを留める。

おむつ交換終了。

＜布おむつの当て方＞

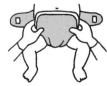

おむつとおむつカバーを重ねて当てる。

片方のおむつカバーを留める。

逆側も同様に留める。

指が入る程度か確認し、おむつ交換終了。

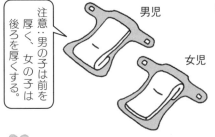

男児

女児

注意：男の子は前を厚く、女の子は後ろを厚くする。

⑥きれいになったこと、気持ちよくなったことを言葉で伝える。「○○のところに行きましょうね」と語りかけ、遊びや生活の場に移動し、ほかの保育者に託す。

🍀 交換後の始末

①汚れたおむつの始末をする。便はトイレに流す。
・紙おむつは汚れた面を中にしてコンパクトに巻いて、テープで留めて捨てる。
・布おむつは決められた場所でおむつを下洗いし、ビニール袋に入れ、専用の場に片づける。
②おむつ交換の場をきれいにする。
③石けんでていねいに手を洗う。
④排泄・おむつ交換の時刻、排泄物の量や状態、皮膚の状態などを記録しておく。

第4回

おむつ交換の環境構成の工夫

　子どもは同じ場所でおむつ交換をすることで安心します。トイレに近く、衛生管理がしやすい場所におむつ交換の場を設定し、保育者の動線や使いやすさを考えて、おむつ交換に必要なものを配置します。低月齢の子どもはおむつ交換台を使用しますが、寝返りをするようになったら、転落防止のためにも低い場所（低いおむつ交換台など）で行います。子どものプライベートゾーン（排泄に関する性器や臀部など）への配慮として、ついたてなどでまわりから見えないように工夫しましょう。

おむつ交換の環境

　おむつ交換の環境の一例を示します。おむつ交換台の高さやついたて、おむつの保管など、子どもの発達や使用状況に応じて配慮します。

おむつ交換台

低いおむつ交換台（寝返りをするようになったら低い交換台を使用）

ついたて

おむつ準備（おむつ交換前に準備する）　左：布おむつ　　右：紙おむつ

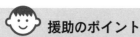 援助のポイント

▶ **おむつ交換は「安全」「清潔」「心地よさ」を心がける**
　おむつ交換は清潔を保てる落ち着いた場所で、子どもの心地よさを大切にして行います。保育者がおむつ交換の場から離れないように事前に必要なものを用意し、寝返りをするようになったら低いおむつ交換台で行うなど、安全に十分配慮しましょう。

▶ **おむつ交換は子どもに無理がないよう、やさしくていねいに行う**
　おむつ交換は子どもに無理がないようていねいになるべく手早く行います。安心して気持ちよさを感じられるように、一つ一つの動作を言葉にして語りかけながら行いましょう。

▶ **おむつ交換は子どもの排泄の状態に合わせて行う**
　授乳や食事、遊び、睡眠の前後などに、排泄の状態を確認しておむつ交換を行いますが、子どもが気持ちよく過ごせるように、一人一人の排泄の状態に合わせて随時行います。

2. おむつからパンツへ

 排泄を知らせる

　子どもは排尿や排便の前後に、表情や動作などで排泄のサインを示すようになります。何らかのサインが見られたら、保育者は「おしっこかな？」「うんちが出たね」と言葉にして伝えます。子どもが「出た」など排泄したことを伝えられたときには、「出たっていえたね」と受け止め、「きれいにしようね」と安心できるような言葉をかけましょう。

排泄のサイン

落ち着かなくなり、もぞもぞする

股やお尻を手で押さえる

カーテンやついたてなどの後ろに隠れる

顔を赤くする

 排泄の機能の発達とトイレに誘う時期

　膀胱に一定時間、尿がためられるようになる1歳半〜2歳ころ、おむつがぬれていない時間が2時間くらいになってきたら、オマルやトイレに誘ってみます。子どもが楽しそうに遊んでいるときや、何かに夢中になっているときは「イヤ」と拒否することが多いので、食事の前後、外遊びの前後、午睡の前後（特に午睡から目覚めたあとに、おむつがぬれていないとき）など、生活の区切りの際に子どもの様子を見てトイレに誘います。子どもが拒否したときや嫌がるときには、無理に連れて行くことはしません。

　「出たら教えてね」「おしっこしたくなったら教えてね」と子どもに伝え、子どもが自分から知らせることができるようにすることや、ほかの子どもがオマルやトイレで排泄しているところを見る機会も大切にしましょう。

子どもの行動から見るトイレに誘う時期

・歩行がしっかりしている。
・排泄物に興味を示す。
・保育者や保護者のいうことがわかり、排泄の意思表示が言葉で伝えられる。
・排尿間隔が空いてきたとき（2時間以上）。
・トイレに行くこと、便器に座ることを嫌がらない。

おむつからトレーニングパンツへ

　トイレで排泄ができる回数が増えてきたら、おむつを外し、おむつとは違う身軽さを感じられるようにトレーニングパンツにして遊べるようにします。子どもには「おにいさんパンツ・おねえさんパンツを履こうか」と誘いかけ、子どもが自分で選べるようにします。嫌がるときには無理強いせず、子どもが自分から履きたいというまで待ちましょう。

Column　トレーニングパンツ

　トレーニングパンツとは、おむつから通常のパンツに移行するまでの間に履くパンツのことです。布製のものと紙製のものがあります。布製のものは布が何層かになっていて少量の尿は吸収します。洗濯の手間がかかり乾きにくいというデメリットがありますが、子どもがぬれた感覚・汚れた感覚を感じやすく、「パンツになった」という感覚を味わうことができます。紙製のものはパンツ型のおむつとあまり変わりませんが、ぬれた感覚がわかりやすくなっています。布製よりも吸収力が高く、洗濯の手間も不要ですが、使い捨てなので経費がかかります。

トイレの環境設定

　子どもが排泄やトイレを嫌なものであると感じないように排泄の場の環境構成をします。
　オマルを使用する場合には、子どもが日常的に目に入るよう、おむつ交換の場に近い場所、かつ、トイレやトイレに近い一定の場所に置いておきます。
　子どもがトイレを怖がらないように、明るく清潔で、子どもが嫌がらず、落ち着ける雰囲気をつくりましょう。

トイレの環境と雰囲気づくり

・照明は明るくし、常に汚れがないようにします。
・排泄物や消毒液の臭気がしないように換気をするなどの配慮をします。
・寒くて冷たい感じがしないように床材の工夫をしたり、温度管理にも配慮します。
・トイレを嫌がるなど、子どもの様子に応じて、親しみのある動物の絵や写真を貼るなどの工夫をします。

 保護者への配慮

　排泄の自立に向かう過程は、保育の場だけでなく、家庭と連絡をとりながら同じようにしていくことが必要です。おむつを早く外してほしいと熱心になる保護者もいますが、膀胱などの機能が発達しなければむずかしいことや、個人差が大きいので他児と比べる必要がないことなどをていねいに伝えていきましょう。子どもが排泄を嫌がるときには無理強いをせず、失敗しても叱ったり責めたりせず、オマルや便器で排泄できたら一緒に喜ぶことなども伝えるようにします。排泄の自立に向かう時期には、保護者には脱ぎ履きしやすい下着や衣服を用意してもらうようにしましょう。

 援助のポイント

▶ **発達の個人差に合わせて、子どもの気持ちを尊重し、ていねいにかかわる**
　排泄の機能の発達には大きな個人差があるので、年齢や月齢ではなく、一人一人の排泄のリズムを把握してかかわります。子どもが嫌がったときには無理強いせず、子どもの気持ちを尊重し、ていねいにやさしくかかわるようにしましょう。

▶ **親しみのある慣れた保育者が担当する**
　子どもは親しみのある慣れた保育者に付き添われ見守られると、安心して排泄することができるため、慣れた保育者が排泄の援助を担当するようにしましょう。また、オマルや便器で排泄したときには、保育者は「おしっこ出て気持ちいいね」と気持ちよさを言葉にして伝えたり、「よかったね」と喜びを伝えるようにしていきましょう。

▶ **子どもの気持ちを受け止めてかかわる**
　オマルや便器で排泄できていても、おむつやパンツの中、脱いでいる途中、便器に座る前などに排泄してしまうこともあります。保育者は叱ったりせず「次はトイレで出るといいね」とやさしく伝えていきます。また、トイレに自分の排泄物が流れることを嫌がったり、水が流れることに恐怖心を抱く子どももいます。子どもの気持ちを受け止めて「○○ちゃんのおしっこ（うんち）、ばいばい」などと怖くないことを伝えていきましょう。

▶ **衛生面を考慮し、子どものその後の発達を想定して援助を行う**
　子どもがパンツの脱ぎ履きをする際には、洗えるマットなどを敷いて座れるようにすることもありますが、子どもはマットがない場所でも座って脱ぎ履きをします。衛生面を考慮し、いずれ下着をひざ下まで下ろして排泄するようになることを想定して、保育者の肩や壁につかまって、立ったままパンツの脱ぎ履きができるようにしましょう。

Column　トイレに関する絵本
　子どもがオマルや便器、排泄や排泄物に嫌悪感をもたないように、絵本やパペットなどを使って楽しくトイレに行けるような工夫をしてもよいでしょう。以下に、低年齢児向けの排泄に関する絵本を紹介します。
　　　『ぷくちゃんのすてきなぱんつ』作：ひろかわさえこ、アリス館、2001
　　　『くろくまくんトイレでち〜！』作：たかいよしかず、くもん出版、2014
　　　『できるかな？　しーしーおしっこ』作：いもとようこ、講談社、2019　　　　　他多数

3. トイレで排泄

 排泄の自立と援助

　トイレで排泄できるようになれば、排尿・排便後にトイレットペーパーで拭き、水を流し、手を洗うなど、子どもに一連の流れがわかるようにしていきます。

　「一人でできる」と保育者の見守りを拒否することもありますが、手や下着、便座を汚すこともあるので、さりげなく見守り、後始末をすることも必要です。

 **排泄の手順と援助**

①ズボンとパンツを下ろす。②便座に座る。③トイレットペーパーを一定の長さに引き出して切る。

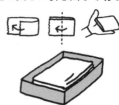

④手を添えて手前から後ろに拭くことを知らせ、最後に保育者が確認する。

注意：壁にトイレットペーパーの長さの目印を貼っておく。

注意：カバーを手で押さえて切る。

注意：トイレットペーパーを切ることがむずかしいときは、あらかじめ切ってたたみ、便器の横に置いておく。

⑤水を流す。　⑥ズボンとパンツを履く。⑦手を洗う。

回転するレバー

押すレバー

注意：前から後ろに拭くようにする。

Column　おむつかぶれと虐待の早期発見

　「おむつかぶれ」とは、軟便や下痢が続いたり、汗やムレ、おむつ交換の回数が少ないことなどにより、皮膚がただれたり、かぶれたりする状態のことです。便で汚れた部分をお湯やシャワーで流したり、おむつが汚れたら交換する、おむつ交換時に乾燥させるなどして対応します。かぶれやただれがひどい場合には受診が必要です。家庭でほとんどおむつ交換をしてもらっていないなど、休み明けにおむつかぶれがひどくなって登園することが続く場合があります。保護者におむつ交換の大切さを伝えるとともに、子どもの様子を注意深く見守りましょう。皮膚にあざや、やけどの跡などがある場合には、ほかの保育者や園長などに報告し、看護師や園医（嘱託医）などにみせ、関係機関に相談するなどの対応をとります。

排便の援助

　排尿は便器でできるのに排便はおむつでする、排便は便器でできるのに排尿はおむつにするなど、排尿と排便の自立は同時ではありません。また、排便のリズムや回数には大きな個人差があります。家庭での排便の状態を確認しながら、個々の子どもに合わせた援助をしていきます。

　大便はお腹に力を入れないと出すことができません。両足がしっかり床についていることが大切です。「うーん」ととなりで声をかけ、お腹に力を入れることを伝えます。なかなか出ないときには、腸の動きがよくなるようにお腹を「の」の字を書くようにさすってみます。便器で排便できたら、排便の気持ちよさや喜びを言葉にして伝えます。

　便の状態は食べたものの消化の具合や健康状態を知る手がかりになります。便の回数や状態は連絡帳などで保護者に伝えます。軟便や下痢などのときには様子を見るとともに保護者に伝え、異常があるときには看護師や園医（嘱託医）などに相談し、保護者に受診をすすめます。

🦋 Column 🦋　流行性の疾患への対処

　ウイルス性胃腸炎は、感染性の強いロタウイルスやノロウイルスなどが原因となることが多く、嘔吐や下痢を伴います。

ロタウイルス：非常に感染力が強く、下痢は白色便となることがあります。排便の処理をするときには必ず手袋をし、手洗いを徹底します。

ノロウイルス：非常に感染力が強く、胃腸炎を発症すると下痢と嘔吐の症状が見られます。吐物や便の処理をする際には手袋をする、手洗いや手指の消毒をするなどの対策が必要で、全職員が処理方法を共通認識しておくことが必要です。

排泄物・吐物の処理：他児が排泄物や吐物に接触しないようにします。保育者は使い捨ての手袋、マスク、エプロンを着用し、すばやく排泄物や吐物を除去し、0.1％濃度の次亜塩素酸ナトリウムで消毒し（ウイルスによっては、アルコール消毒が必要）、換気をします。処理後すぐに汚物と着用していたものをビニール袋に入れ密閉・処分します。便器や水道の蛇口・レバー、ドアノブなども消毒しておきます。

　援助のポイント

▶ 失敗しても安心できるかかわりを心がける

　トイレで排泄できなかったり、便器を汚してしまうことなどもありますが、責めたり嫌な顔をしたりせず、「お掃除するから大丈夫よ」などと伝え、安心して次もトイレに行くことができるようにします。

▶ 快適なトイレの環境をつくる

　トイレが嫌な場所にならないように、明るく清潔で不快なにおいがしないトイレの環境を整えます。子どもが好きな絵などを貼るのもよいですが、トイレは遊びの場ではないことを伝えることも大切です。冬場は寒くて冷たくならないような工夫をしましょう。

4. 排泄時の観察と記録

　子どもの機嫌や体調にも気を配りながら、おむつ交換時には健康状態の確認も行います。尿や便の状態は、子どもの健康状態を示すバロメーターの一つになります。0歳児のおむつ交換の際には、排便の時刻・排泄物の状態などを記録します。皮膚の状態も観察し、かぶれやただれはないか、発疹や傷などの異常がないかも確認し、記録します。

　1歳以上児においても、排泄時に気になることがあれば必ず記録をとっておきます。

 排泄に関する連絡帳への記入例

　一人一人の排泄の様子を保護者に伝えるために連絡帳を利用します。ここでは、排泄に関する連絡帳への記入例を紹介します（連絡帳については本書 p.133 参照）。

＜0歳＞	＜1歳＞	＜2歳11か月＞
便が出る前に真っ赤な顔をしていきむような様子が見られます。園では「うんちが出るのね」と言葉にして伝えています。	昼ご飯のあととと夕方の便が軟便気味だったので、おうちでも様子を見てください。	年長さんが立っておしっこをする姿を見て、初めて立っておしっこをしてみました。ちょっとお兄さん気分を味わえたようです。

　連絡帳に排泄のことを記入する際には、子どもの排泄の様子や排泄物の状態など特に気になることや発達に関すること、保育者のかかわり方などを書きます。保護者には子どもとのかかわりのヒントになることがあります。

 生活記録表の活用

　排泄の状態を記録するものの例として「生活記録表」を紹介します。一日の生活を視野に入れ、健康状態の目安となる食事の状態や体温、お迎えの家族なども記入します。担当保育者以外も確認でき、連絡帳の記入や子どもの状態を保護者に伝える際にも役立ちます。

生活記録表の一例

（　　さくら　　）組　　生活記録表　　　○○○○年 ○ 月 ○ 日（○）

名前	排泄	食事	検温	お迎え	備考
川崎　るな	15時：やわらか便	完食	36.8	父	
鈴木　翔太	昼食後2回：正常	2/3程度食べて睡眠	36.6	母	
高原　美優	排便なし	野菜サラダ残す	36.9	祖母	

 Column 排泄物の確認、保管

　排泄物に異常がないか確認し、異常があれば看護師や園医（嘱託医）などに相談し、保護者に連絡します。出血、血尿や血便、黒い便、白い便など、緊急な対応が必要な場合もあります。医師にみせる必要があるので、排泄物は捨てず、密封状態にしておむつを保管します。

援助のポイント

▶ 子どもの排泄や排泄物の様子も言葉にして伝える

　「おしっこがたくさん出たね」「うんちが少しやわらかいね」「今日はころころうんちだね」など、おむつ交換や排泄の援助の際に、排泄物の様子を言葉にして子どもにわかるように伝えましょう。子どもは自分の健康状態と排泄物の状態を自分で確認できるようになっていきます。

▶ 子どもの健康状態を把握し援助を行う

　おむつ交換やトイレで排泄の援助をする際には、排泄物の様子を確認するとともに、子どもの皮膚の状態を確認し、気になることがあれば、他の保育者や園長に報告し、看護師や園医（嘱託医）などに相談するとともに保護者に伝えます。

家庭との連携のポイント

● 紙おむつか布おむつかなど家庭での様子を聞いた上で園での対応を伝えます。

● 排泄に関する家庭で用意するものや、使用後のおむつや汚れた下着の処理は、保護者が納得できるようにていねいに説明し協力を求めます。

● 排泄のリズムは一人一人の子どもに大きな個人差があることを伝えておきます。

● 排泄前後の子どものサイン、排泄のリズム（タイミングや回数）、排泄物の状態など、園での様子を連絡帳などで知らせるとともに、家庭での様子も把握しておきましょう。

演習課題 Q

● **調べてみよう！**

　・紙おむつと布おむつ、それぞれのメリット・デメリットを調べてみましょう。

● **考えてみよう！**

　・低年齢児のトイレの環境構成について、子どもにわかりやすく、親しみがもてるような標示などの工夫を考えてみましょう。

　　（例）嫌がらずにトイレに行くことができるような工夫

　　　　　便座に座るときの足の位置がわかるような工夫

　　　　　トイレットペーパーの長さがわかるような工夫

　　　　　トイレの順番を待つ位置がわかるような工夫

● **実践してみよう！**

　・赤ちゃん人形を使って、おむつ交換の前、交換中、交換後の語りかけをしながら、おむつ交換を実際に行ってみましょう。

第5回 睡眠・休息の援助と環境

1. 睡眠時の保育

 月齢の低い乳児への入眠の援助

　新生児期には昼夜の区別がなく、3時間ほどで目を覚まし、授乳でお腹がいっぱいになるとまた眠るという生活で、1日のうちおよそ16〜18時間眠っています。生後2〜3か月ころから昼夜の区別がつきはじめ、次第に夜よく眠り昼間起きている時間が長くなっていきます。月齢の低い乳児は眠くなっても自分で入眠できず、泣いて訴えることがあります。保育者に抱っこされて穏やかにゆっくり揺られながら寝つく、ベビーベッドに横たわり体をさすられて寝つく、子守歌をうたってもらいながら寝つくなど、保育者は一人一人の乳児が眠りにつきやすい方法で入眠の援助をします。

入眠の援助

| 抱っこで | ベビーベッドで | おんぶで | 布団でトントン |

　授乳後はお腹がいっぱいになり眠くなります。授乳の途中で眠ってしまったり、排気をしないで眠ってしまうこともあります。吐乳による窒息が起こる危険があるので、顔や体を横向きにする、頭のうしろ・背中にバスタオルやクッションなどを当てるなどして、保育者はそばを離れずに見守ります。ベビーベッドに目印をつけるなど、保育者全員で情報を共有し、睡眠中の事故を防止します。

ベビーベッドの目印

 睡眠と保育者のかかわり

　生後4〜6か月ころより睡眠のリズムが整いはじめます。保育者は一人一人の子どもの

生活リズムに合わせて保育の計画を立てます。授乳や離乳食・食事のあとが睡眠の時間になりますが、遊びと食事と睡眠は連動しています。家庭で十分に睡眠をとり空腹が満たされると、登園後は機嫌よく遊ぶことができます。午前中に十分体を動かして遊ぶと空腹になり食欲が増し、よく食べて眠くなるという流れができます。その日の生活や遊び、体調などによって、食事前や食事中に眠くなってしまったり、反対になかなか眠りにつけないこともあります。保育者は子どもの状態に合わせて、無理のない援助をすることが必要です。

　1〜2歳児になると、食後には食べたものが胃に落ち着くまで、しばらく静かな遊びの時間を設けることもあります。保育者は子ども一人一人に、ていねいに「おやすみなさい」と伝え、眠りにつくことを伝えます。眠くなった子どもから横になり眠りについていきます。保育者は穏やかに語りかけたり、静かなストーリーの本を読んだり、子守歌などをうたったり、やさしく背中をさするなどの援助をします。

　入園直後の園に慣れるまでの時期には、お気に入りのタオルやぬいぐるみなどがあると落ち着いて眠ることができる子どももいます。保護者への協力を得て持参してもらう園もあります。子どもが安心して眠れる配慮ができるとよいでしょう。

　子どもは十分に体を動かして遊んだり、集中して十分満足して遊ぶことができると、適度な心地よい疲労感から、授乳や離乳食、食事をしながら眠くなってしまったり、食事をとらないで眠ってしまうこともあります。無理やり起こして食べさせるのではなく、口の中に食べ物がないかどうかを確認して、布団で眠れるようにします。調理室にも協力を求めて、気持ちよく目覚めてから軽い食事ができるようにする配慮ができるとよいでしょう。

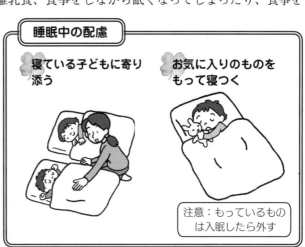

睡眠中の配慮

寝ている子どもに寄り添う

お気に入りのものをもって寝つく

注意：もっているものは入眠したら外す

 援助のポイント

▶ **無理のない生活の流れを考えて保育計画を立てる**
　発達に合った体を動かす遊びを取り入れたり、食事（授乳・離乳食などを含む）から睡眠や休息への流れが無理なくスムーズに進むように保育計画を立てます。

▶ **安心して眠ることができるようにかかわる**
　眠くなってきた乳児には、ゆったりとした静かな雰囲気をつくり、穏やかに語りかけたり子守歌をうたう、体をさするなど、一人一人が安心して眠りにつける方法でかかわります。

2．睡眠に関する個別の配慮

 一人一人の睡眠のリズムと家庭との連携

　睡眠のリズムや睡眠時間には大きな個人差があります。年度当初や入園して間もないころは、一人一人の入眠や目覚めの時間が大きく異なります。また、月齢や年齢によって午前・午後に睡眠をとる子どもがいたり、園での睡眠時間が短い子どももいます。

　睡眠のリズムは園での生活だけでなく、家庭での生活リズムと連動しています。保育者は、睡眠について気になることがあれば、子どもの機嫌や遊びの様子、食欲や健康状態に問題がないかなどを再確認します。そして、保護者とともに、睡眠時間は不足していないか、眠る時刻に問題はないかなどを確認し、1日（24時間）の生活リズムを見直すなどして、子どもが園でも家庭でも心地よい睡眠がとれるようにしていくことが大切です。

　お気に入りのタオルやぬいぐるみがあると安心する、おでこをなでられると寝つきやすいなど、保護者から家庭での入眠時の癖や好みなどの情報を得ておくことも必要です。

 休息の配慮

　家庭での生活リズムの状況や、子ども自身の状態により、なかなか眠りにつけない場合や、早く目めてしまった場合には、無理に寝かせようとするのではなく、場所を変えて気分転換したり、眠っている子どもに支障がない場所でゆったりと静かに遊べるようにします。その際、睡眠中の子どもを見守る保育者と、静かに遊びながら休息をとる子どもを見守る保育者が必要です。保育者間で役割分担をし連携・協力して保育を進めます。

　絵本を見たり、パズルやブロックなど静かな遊びができるような環境とおもちゃなどを整えておくことも必要です。

 睡眠時の観察と記録

　睡眠中に何の前触れもなく呼吸が止まってしまう乳幼児突然死症候群（SIDS：本書 p.22参照）を予防するために、保育者は定期的に睡眠中の子どもの呼吸や姿勢、顔色などを観察し、チェック表をつけています。0歳児は5分ごと、1歳以上児は10分ごとにチェックをしている園が多いようです。

睡眠時観察表の一例

＜0歳児用＞ 0歳児は5分ごとにチェックする

睡眠時観察表（0歳児もも組） （　年　月　日　曜日）		睡眠時の姿勢に〇。姿勢を直したら／を上にに記入（あ―仰け向け、う―うつ伏せ、よ―横向き） 呼吸―異常なければ：✓　様子―異状なければ：✓　症状あれば鼻づまり：〇　咳：△　抱っこ寝：ダ																																		
名前	時間 分	時												時												時							
		0	5	10	15	20	25	30	35	40	45	50	55	0	5	10	15	20	25	30	35	40	45	50	55	0	5	10	15	20	25	30
安藤奈々 休	姿勢	あ う よ	あ う よ	あ う よ	あ う よ	あ う よ	あ う よ	あ う よ	あ う よ	あ う よ	あ う よ	あ う よ	あ う よ	あ う よ	あ う よ	あ う よ	あ う よ	あ う よ	あ う よ	あ う よ	あ う よ	あ う よ	あ う よ	あ う よ	あ う よ	あ う よ	あ う よ	あ う よ	あ う よ	あ う よ	あ う よ	あ う よ
	呼吸 様子																																
	姿勢	あ	あ	あ	あ	あ	あ	あ	あ	あ	あ	あ	あ	あ	あ	あ	あ	あ	あ	あ	あ	あ	あ	あ	あ	あ	あ	あ	あ	あ	あ	あ	あ

＜1歳児用＞ 1歳児は10分ごとにチェックする

睡眠時観察表（1歳児ゆり組） （　年　月　日　曜日）		睡眠時の姿勢に〇。姿勢を直したら／を上にに記入（あ―仰け向け、う―うつ伏せ、よ―横向き） 呼吸―異常なければ：✓　様子―異状なければ：✓　症状あれば鼻づまり：〇　咳：△　抱っこ寝：ダ																														
名前	時間 分	時						時						時						時						時						
		0	10	20	30	40	50	0	10	20	30	40	50	0	10	20	30	40	50	0	10	20	30	40	50	0	10	20	30	40	50	0
伊藤竜也 休	姿勢	あ う よ	あ う よ	あ う よ	あ う よ	あ う よ	あ う よ	あ う よ	あ う よ	あ う よ	あ う よ	あ う よ	あ う よ	あ う よ	あ う よ	あ う よ	あ う よ	あ う よ	あ う よ	あ う よ	あ う よ	あ う よ	あ う よ	あ う よ	あ う よ	あ う よ	あ う よ	あ う よ	あ う よ	あ う よ	あ う よ	あ う よ
	呼吸 様子																																
	姿勢	あ	あ	あ	あ	あ	あ	あ	あ	あ	あ	あ	あ	あ	あ	あ	あ	あ	あ	あ	あ	あ	あ	あ	あ	あ	あ	あ	あ	あ	あ	あ

Column　睡眠チェックセンサー

　睡眠チェックセンサーは、睡眠用のマットや睡眠中の子どもの衣服に取りつけて、姿勢や呼吸をチェックするものです。午睡の際に導入している園もあります。

睡眠時の衣服

　新生児期は体温調節機能が未熟で、生後3か月を過ぎたころから次第に体温調節ができるようになります。新陳代謝が活発で発汗しやすいので、睡眠時の衣服やかけ布団などは熱がこもらず吸水性のよい素材で、寝返りをうってもお腹が出ないゆったりとした衣服にします。ファスナーや大きなボタンのある服、厚手の服は寝にくく、フードの着いた服や大きすぎる服は顔にかかり口をふさぐことがあるので避けます。睡眠時にパジャマを着用する園もありますが、災害への備えなどの理由で着替えない園も増えてきているようです。

援助のポイント

▶ 個々の睡眠のリズムやその日の様子に合わせた柔軟な対応を心がける

　一人一人の家庭での睡眠時間や起床時間などを把握して、その日の活動や子どもの様子に合わせて睡眠や休息がとれるよう柔軟に対応します。

▶ 休息の場と静かな遊びの準備をする

　なかなか眠れない子ども、長時間の睡眠を必要としない子ども、早く目覚めた子どもが静かに過ごせる場や静かな遊びができる場を設定しておきます。

▶ 睡眠中の見守りとていねいな配慮をする

　睡眠中は定期的（5分・10分ごと）に呼吸・姿勢（うつ伏せ寝に注意）・顔色などを確認・記録し、乳幼児突然死症候群（SIDS）の予防や睡眠中の異常の発見・対応に努めます。

3. 睡眠の環境

 ### 睡眠の場所

　家庭ではない集団保育の場で他の子どもたちと一緒に睡眠をとることは、入園当初や月齢・年齢の低い子どもにとっては落ち着かないことがあります。日々、同じ流れで、同じ場所で、慣れ親しんだ保育者が寄り添ってくれること、さらに、ベッドや布団が同じ、布団が敷かれる場所が決まっているなど、自分の場所があることで落ち着いて眠ることができるようにしていきます。

 ### 室温・湿度・明るさなど

　一人一人の子どもが安心して眠ることができる環境を整えることが大切です。園の立地や保育室などの環境、季節や地域、その日の天候や子どもの状態などを考慮して、室温・湿度・換気・明るさ・寝具などの環境を整えます。

　夏場は 26 ～ 28℃、冬場は 20 ～ 23℃度程度、いずれも湿度は 60％を目安として、外気との関係や子どもの状態によって適宜調整します。

　カーテンは遮光性のあるものは避け、ある程度の明るさを確保し、子どもの顔色がわかるようにします。外気やエアコンの風が直接当たらないように気をつけましょう。

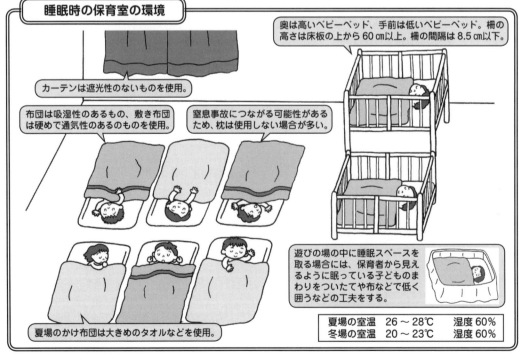

睡眠時の保育室の環境

奥は高いベビーベッド、手前は低いベビーベッド。柵の高さは床板の上から 60 ㎝以上。柵の間隔は 8.5 ㎝以下。

カーテンは遮光性のないものを使用。

布団は吸湿性のあるもの、敷き布団は硬めで通気性のあるのものを使用。

窒息事故につながる可能性があるため、枕は使用しない場合が多い。

夏場のかけ布団は大きめのタオルなどを使用。

遊びの場の中に睡眠スペースを取る場合には、保育者から見えるように眠っている子どものまわりをついたてや布などで低く囲うなどの工夫をする。

| 夏場の室温 | 26 ～ 28℃ | 湿度60％ |
| 冬場の室温 | 20 ～ 23℃ | 湿度60％ |

厚生労働省「保育所における感染症対策ガイドライン（2018年改訂版）」2018、製品安全協会「乳幼児用ベッドのSG基準」2014

寝　具

　敷き布団や敷きマットなどは柔らかすぎない適度な硬さで、通気性のあるものを用意します。夏場はタオルケットや大判のタオル、気温が低い季節にはかけ布団や毛布などを用います。敷き布団・かけ布団は園で用意することが多く、個別に決まった布団を用います。定期的に日に干したり、洗浄・乾燥をして清潔に保ちます。

　保護者に協力を求め、布団には各家庭で用意した布団カバーをかけ、週末に外して自宅で洗濯し、週のはじめにかけかえる園が多いようです。

ベビーベッド

　月齢の低い乳児は、活発に動きまわる他の子どもたちと区分けされた場所で落ち着いて眠れるようにするため、ベビーベッドを使用します。ベビーベッドの柵の高さは転落の危険を避けるため床板の上面から60cm以上で、頭が挟まらないように柵の間隔は8.5cm以内のものを用います。安全上の理由から、1台のベビーベッドは必ず1人で使用します。ベビーベッドを使用しているときには必ず柵を上げ、安全ロックをかけます。つかまり立ちをするようになったら、ベビーベッドの使用は控え、床に布団を敷いて眠るようにします。

コット（コットベッド）

コット

　1歳を過ぎると「コット」と呼ばれるお昼寝用コットベッドを用いる園もあります。コットとは本来は野外で使われる簡易ベッドのことをさしますが、保育の場で使われているものは、子どものサイズのメッシュの素材が張られたもので、昼寝用につくられています。通気性がよく、布団に比べるとダニの発生率も低く、汚れたら洗浄も可能です。また、寝返りをしてとなりの子どもにぶつかることがなく、個々の子どもの睡眠を妨げないメリットもあります。重ねて収納できますが、ある程度の収納場所が必要です。

👦 援助のポイント

▶ **衛生的で安全な睡眠の環境を整える**
　睡眠の場の清掃や寝具を日に干し、乾燥・洗浄などをして衛生と安全性を保ちます。落ち着いて安心して眠れるように、同じ場や個別の寝具を使用します。室温・湿度・換気・明るさなど、落ち着いた雰囲気で快適な睡眠環境を設定しましょう。

▶ **落ち着いた睡眠の場を確保する**
　はいはいや歩行している乳児がいたり、他の乳児が遊んでいるときに、睡眠の場が確保できない場合には、子どもが寝ている場に、ほかの子どもが入らないように周囲をついたてや布などで低く囲うなどして、落ち着いた環境をつくる工夫もあります。

4．気持ちよい睡眠と目覚めのときの配慮

　泣きながら目覚める子ども、すぐに起き上がる子ども、目覚めたあとしばらく横になったまままどろむ子どもなど、子どもによって目覚め方はさまざまです。子どもが自分のペースで目覚めて声を出したり、自分から起き上がるまでの時間を保障しましょう。

　いつも寝起きのよくない子どもには、起きる時間の少し前にやさしく声をかけます。深い眠りのときには目覚めにくいので、浅い眠りになるように「○○ちゃん、もうすぐ起きようね」と声をかけ、気持ちよく目覚められるようにかかわりましょう。

　はっきり目覚めた子どもには、「たくさん寝たね」などと穏やかに語りかけ、おむつ交換やトイレに誘うなどの排泄の援助をしたり、汗をかいていれば着替えるように言葉で伝えて着替えの援助をします。泣きながら目覚めたり、機嫌がよくないときには、抱っこするなどして気持ちが落ち着くようにかかわりましょう。

✿Column✿　子どもにうたう子守歌

　保育者のやさしい静かな声の子守歌は、眠くなってぐずり泣きをしている乳児にとっても情緒の安定につながる心地よいものになります。子守歌には地域によって異なるわらべ歌や童謡などさまざまなものがあります。ここでは、日本の童謡として多くの方が聞いたことがある「ゆりかごの歌」を紹介します。穏やかなやさしい声でゆったりとうたえるように、音程と歌詞を覚えて歌のレパートリーの一つにしてください。

2. ゆりかごのうえに　びわのみがゆれるよ　ねんねこねんねこ　ねんねこよ
3. ゆりかごのつなを　きねずみ*) がゆするよ　ねんねこねんねこ　ねんねこよ
4. ゆりかごのゆめに　きいろいつきがかかるよ　ねんねこねんねこ　ねんねこよ

＊きねずみ…リスのこと

✿Column✿　低年齢児向けの睡眠に関する絵本

　子どもが安心して眠りにつける睡眠に関する絵本を紹介します。

『もうねんね』文：松谷みよ子、絵：瀬川康男、童　　　『おやすみなさいコッコさん』作・絵：片山健、
　　心社、1968　　　　　　　　　　　　　　　　　　　福音館書店、1988

『おやすみなさいのほん』文：マーガレット・ワイズ・ブラウン、絵：ジャン・シャロー、訳：石井桃子、福音館書店、1962

『おやすみなさいおつきさま』文：マーガレット・ワイズ・ブラウン、絵：クレメント・ハード、訳：せたていじ、評論社、1979

『おやすみなさいフランシス』文：ラッセル・ホーバン、絵：ガース・ウィリアムズ、訳：松岡享子、福音館書店、1966

『おつきさまこんばんは』作：林明子、福音館書店、1986

『おやすみ』文：なかがわりえこ、絵：やまわきゆりこ、グランまま社、1986

『そらまめくんのおやすみなさい』作：なかやみわ、小学館、2019

他多数

援助のポイント

▶ 穏やかな目覚めへの援助をする

一人一人の睡眠の状態に合わせてやさしく穏やかに語りかけて、気持ちよく目覚められるようにかかわりましょう。なかなか目覚めない子どもには何度か言葉をかけ、ていねいに目覚められるような働きかけをします。

▶ 家庭での生活リズムへの配慮をする

園での睡眠時間が長過ぎて家庭でなかなか寝つけないなどの子どもには、保護者と相談しながら早めに目覚めを促すなど、個別の配慮をすることがあります。

家庭との連携のポイント

● 保護者から子どもの家庭での睡眠の状態や時間、寝つくときのかかわりなどを確認しましょう。

● 保護者から前日の就寝時間、その日の起床時間などを連絡帳などで知らせてもらうようにしましょう。園での睡眠時間や休息の状態を保護者に報告し、日々の睡眠に関する情報を共有します。

● 園での睡眠に必要なもの（布団カバー、シーツ、タオル、睡眠時の衣服など）をわかりやすく保護者に説明し協力を求めましょう。

演習課題

● **調べてみよう！**

・0・1・2歳児向けの睡眠に関する絵本や紙芝居、または静かなお話や子守歌にはどのようなものがあるか調べてみましょう。

● **考えてみよう！**

・なかなか寝つけない子どもへの具体的な援助の方法や、早く目覚めてしまった子どもが静かに過ごせるような遊びやおもちゃにはどのようなものがあるか考えてみましょう。

● **実践してみよう！**

・乳児が心地よく眠れるような子守歌を覚え、赤ちゃん人形を抱くなどして、穏やかな声でうたってみましょう。実習などで実践できる機会があれば実践してみましょう。

着脱に関する援助と環境

　子どもは生活の中で、日々衣服や靴、帽子などの着脱を行っています。はじめは保育者が全面的に着脱の援助を行いますが、徐々に発達する中で、子どもが少しずつ自分でしようとするようになります。保育者は子どもの発達状況や様子に合わせて着脱が自立していくように援助していきます。保育者はこの時期の子どもに適切な素材や形などの衣服を保護者に伝えると同時に、子どもが着脱に関心をもち、主体的に取り組み生活に必要な力を身につけることができるよう援助していく必要があります。また、園生活で着脱するものは、基本的にはほとんどが保護者に準備をしてもらうため、その大切さについて、ていねいに説明をし、気持ちよく用意ができるような関係性づくりについても考えていく必要があります。

1．着脱の基本的な考え方と発達に応じた衣服の種類

子どもの着脱に関する基本的な考え方

　子どもの着脱の中心は、衣服の着脱であり、衣服を調整しながら健康維持を図ることや、汚れた衣服からきれいな衣服に着替えることによって気持ちよさやさっぱり感を感じ、清潔に過ごす心地よさを学んでいきます。そして、着脱の援助は保育者との信頼関係を築いていくかかわりにもなるので、保育者はやさしく応答的なやりとりをしながら援助することが大切です。子どもは成長していくと、「自分でしたい」と思うようにもなるので、その気持ちを受け止め、さり気なく援助したり見守るなどして、自分でできた満足感を大切にします。子どもの心身の発達に合わせた援助こそが、着脱の自立や自信につながります。

　一方で、子どもが着脱する様子を観察しながら、保育者は体に傷がないかなどの確認もしていく必要があることも心に留めておきましょう。

　さらに、子どもは、新陳代謝が活発であることからも、衣服の素材や材質に配慮していくことも重要です。右のような適切な衣服を選ぶよう保護者に伝えていきましょう。また、子どもは成長すると、衣服以外の靴や帽子なども着脱するようになります。これらについては、本書p.72〜74で解説していきます。

子どもに適切な衣服の要件
＊肌着は木綿100%　＊発達・成長に合ったもの
＊着脱しやすいもの
＊通気性・吸湿性・保温性・保湿性のあるもの
＊体を動かしやすく、運動しやすいもの
＊温度調節がしやすい重ね着ができるもの
＊季節に合ったもの　＊洗濯しやすいもの

🍃 発達に応じた衣服の種類

子どもの体の発達に合わせて、衣服の種類は変わっていきます。保護者と確認しながら、子どもの衣服の準備を整えていきましょう。

＜出生から生後6か月前後＞
短肌着　　よだれかけ　　カバーオール　　長肌着　　おむつカバー

＜生後6か月から1歳ころ＞
肌着　　カバーオール　　ロンパース　　肩ボタンシャツ　　ズボン　　よだれかけ　　靴下

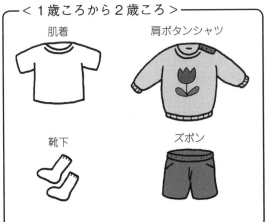

＜1歳ころから2歳ころ＞
肌着　　肩ボタンシャツ　　靴下　　ズボン

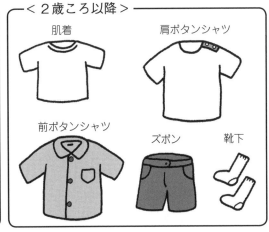

＜2歳ころ以降＞
肌着　　肩ボタンシャツ　　前ボタンシャツ　　ズボン　　靴下

 援助のポイント

▶ **子どもの衣服の素材や着替えの大切さについて保護者に理解をしてもらう**

この時期の子どもは、新陳代謝が活発で汗をかきやすく、肌が敏感なため、あせもや肌荒れを起こしやすいものです。保護者に、肌にやさしい木綿素材の衣服の用意をお願いし、こまめな着替えが大切であることを伝えましょう。

▶ **子どもの発達に合った衣服を用意してもらう**

この時期の子どもは、発達が著しく、サイズがすぐに小さくなったり、体の動きの変化もあることから、発達に合わせた衣服の用意が大切です。保護者に日々の保育の様子をていねいに伝え、子どもが心地よく過ごせる衣服の用意ができるよう確認していきましょう。

2．子どもの発達と着脱の援助

　ここでは、子どもの年齢を追った生活の主な衣服の着脱の一例と、靴・帽子の着脱について援助のポイントを示します。あくまでもこれは目安であり、実際の目の前の子どもに合わせた援助を心がけてください。

 基本的な衣服

　乳児期の着脱は、保育者が全面的に援助することから、子どもの「やりたい」「自分で」という気持ちを尊重しながらの援助を通して自立につながっていきます。ここでは、子どもの発達に合わせた着脱の援助の基本について具体的に理解していきましょう。

基本的な衣服の着脱の援助

出生から生後6か月前後

　この時期の子どもは、全面的に保育者に着せてもらう時期で、基本的には寝たままの姿勢で着替えをします。以下のように準備を整えた上で、子どもの腕に手を添える程度で、衣服を動かしていきます。

`着る`

`脱ぐ`

①肌着とカバーオールを重ね、袖も通しておく。

②袖口から保育者の手を入れ衣服を動かし腕を通す。

③肌着のひもを蝶結びする。

④押しつけないよう両手を使ってスナップを止め、裾を軽く引いてしわを伸ばす。

スナップ、ひもを外して、袖口から保育者の手を入れ、衣服を動かし脱がす。

生後6か月前後から1歳ころ

　この時期の子どもは、じっとしていることはないので、保育者が「いないいないばあ」など楽しい言葉をかけながら援助していくことになります。身体も発達するので立つことができる子どももいますが、安全面を考えると寝ながら着替えるほうが安心な時期です。保育者のひざの上に座った姿勢で援助することもあります。

`着る`

`脱ぐ`

①カバーオールの上に肌着を重ねて広げる。袖は通さない。

②肌着を折りたたみ、頭の上で輪をつくる。輪にした肌着を子どもの頭に通す。袖口から保育者の手を入れ衣服を動かし腕を通す。

③同様の手順で、カバーオールの袖を通したあと、スナップを留め、整える。

カバーオールを脱ぐ際は、スナップを外して足を抜き、袖はカバーオール、肌着の順で抜く。肌着は折りたたむように動かし頭から脱がせる。

🍀 1歳ころから2歳ころ

　子どもが自分で着脱するイメージをもてるように、子どもと保育者が向き合ったり、保育者のひざに座るなどして援助していきます。そうすることによって、子どもも自分でできた感覚がもちやすくなり満足感にもつながります。

着る（シャツ）

①シャツのイラストなどで前後の確認をする。　②首を通す穴を確かめる。　③かぶる。　④袖に手を通す。　⑤もう片方の袖も通す。

脱ぐ（ズボン）

①ウエストのゴムに親指をかけてズボンをおろす。　②保育者のひざに座る。　③片足ずつ脱ぐ。　④もう片足も脱げたら「上手にできたね」など声をかける。

🍀 2歳ころ以降

　子どもが自分で着脱するようになってくるので、着脱しやすい衣服であることが大切です。また、前後がわかりやすく、ズボンはゴムで、シャツは頭を入れやすいものが望ましいといえます。この年齢の特徴から、できるのにしたくないと甘えることがあるため、気持ちを受け止めながら柔軟にかかわっていくことが大切です。

脱ぐ（シャツ）

①袖を引っ張る。　②腕を縮めて袖から腕を抜く。　③もう片方も同様に袖を引っ張る。　④両方、袖から腕を抜く。　⑤頭からシャツを脱ぐ。

履く（ズボン）

①イラストなどでズボンの前後を確かめる。　②片方ずつ履く。　③両足がひざまで入ったら立ち上がる。　④ズボンをおなかまで引き上げる。

注意：ズボンを上げる際、お尻の部分が引っかかりやすいため、保育者はさりげなく援助する。

第6回

71

靴や帽子などのさまざまな着脱

　子どもの衣服にはさまざまな種類があるとともに、衣服以外にも着脱するものがたくさんあります。ここでは、それらの着脱のポイントを理解していきましょう。

衣服以外の着脱

靴下

　靴下の脱ぎ履きは、主に手指の発達や目と手の協応性などが伴ってできるようになります。全面的に履かせてもらうことから、一部分を自分でしたり、片足だけするなど、子どもの発達や様子を見ながら、応答的に柔軟に援助していくようにしましょう。

履く

①靴下の口を両手でもつ。

②つま先を入れる。

③足を入れる。

④かかとまで入るように引っ張る。反対側の足も同じように行う。

脱ぐ

①かかとから外す。

②引っ張る。反対側の足も同じように行う。

ボタンシャツ

　ボタンシャツは、着脱に時間がかかりますが、「パパと同じシャツ！」と喜んで着る姿も見られます。その気持ちを受け止めながら、ボタンのかけ外しを楽しいものとして向き合えるように、援助していくことが大切です。

はめる

①ボタンのあるシャツをはおる。

②はめやすい一番下のボタンからはめる。できないところはさりげなく援助する。

○子どもがボタンかけに興味をもたないときは？
　保育者がボタンを穴に半分入れるところをゆっくりと見せるなどして、ボタンをかける様子を見せるようにする。

○ボタンかけに興味を示し出したら？
　保育者がボタンを半分通しておき、半分出たボタンを子どもが引っ張るなどして、達成感を味わえるようにする。

○子どもがボタンかけをうまくできないときは？
　子どもが自分でやろうとする意欲を大切にし、時間がかかってもせかさず、やりたい気持ちを大切に援助する。

♣ ファスナー

　主に戸外に出て遊ぶときに使用する上着にファスナーがあることが多く、下げることから慣れていき、上げることもするようになります。興味が出てきたタイミングを大切にして援助していきます。

上げる

①金具をかける。

②下を押さえて上げる。

（全体像）

③上まで上げる。

下げる

①布を押さえながら
　ファスナーを下げる。

②最後まで押さえながらファ
　スナーを下げる。

③金具を外す。

♣ 靴の履き方・脱ぎ方

　歩行ができるようになると上ばき・園庭靴を使うようになります。履いたり脱いだりしやすい靴や、左右がわかるようなマークをつけたり、かかとにひもをつけてかかとを入れやすくするなどの工夫をすることで、子どもが脱ぎ履きしやすくなり満足感につながります。

履く

①靴の両脇を押さえて
　つま先を入れる。

②靴のベロとかかとを押
　さえて足を入れる。

③テープを留める。

ひものないタイプや両面
ファスナータイプの脱ぎ
履きしやすい靴

左右わかりやすい
マークの靴　　　かかとにひもをつける

脱ぐ

①靴のかかと部分に親
　指を入れてかかとを
　外す。

②靴の両脇をもって脱
　ぐ。

帽子のかぶり方・脱ぎ方

　戸外に出るときには安全面や熱中症対策からも帽子をかぶって遊びます。保育者は、帽子も少しずつ自分でかぶったり、脱いだりできるようにする援助をしていきます。帽子は自分で上手にかぶることができたかどうかわかりづらいため、大人から見ると正しくかぶれていない場合もありますが、まずは"自分でかぶる"満足感を大切にしていきましょう。

かぶる			脱ぐ	
①両脇をもつ。	②かぶる。	③ゴムを手でもって、あごにもっていく。	①両手でもって頭から外す。	②帽子を前にもっていってゴムを外す。

 **Column　園で着ることを避けてほしい衣服**

　園では子どもが集団で生活するため、身につける衣服などは、より安全であることが重要です。また、スカートやチュニック風の衣服だと遊んでいるときに遊具に引っかけてしまうなど、けがや事故につながりやすいため、園で着ることは避けてほしいとお願いしている園も多いでしょう。

　また、子ども同士のかかわりによって、つい引っ張ってけがや事故につながりやすい衣服などもあります。たとえば、パーカーなどのフードつきのものや、ひもがついているもの、装飾が多いものなどがあげられます。さらに髪の毛を結ぶゴムについても、遊具に引っかかったり、転倒した際のけが防止のために、プラスチックなどの装飾のないものが望ましいといえます。

 ### 援助のポイント

▶ 目の前の子どもの様子に合わせて柔軟な姿勢で援助をしていく

　２歳ころ以降の子どもは、できるのに「できない」といって甘えたり、なかなかできなくても一生懸命自分でしようとするなど、そのときの気持ちによってさまざまな姿が見られます。目の前にいるそのときの子どもの様子に合わせて、「今日はお手伝いしてほしいんだね」など言葉をかけながら柔軟な姿勢でかかわり援助していくことが大切です。

▶ 保護者と確認しながら、家庭と園での着脱の援助は同じようにしていく

　家庭における保護者の着替えの援助と園における保育者の着替えの援助が同様であることは、子どもが安心して着脱できることにつながります。保育者は、保護者がどのように援助しているのかを聞いたり、子どもが着脱しやすい援助を伝えながら、家庭と園での援助を同じようにしていくとよいでしょう。

3. 衣服の着脱に関する環境

　園においては、複数の子どもが一日に何度も衣服を脱いだり着たりします。そのため、保育者が多くの衣服を出したり片づけたりすることはもちろん、子どもが成長すると、自分で衣服を出したり片づけたりするようになります。また、着替える際には、プライバシーの配慮も欠かせません。そのため、衣服の着脱に関する環境づくりは、とても大切です。それらに留意した環境づくりの一例を確認していきましょう。

基本的な衣服の着脱に関する環境

　子どもは、戸外に出て外気浴や探索遊びをしたり、汗をかきやすいことからこまめに着替えをすることが一般的です。また、複数の子どもの援助をするため、保育者がより援助をしやすく、誰の衣服か間違いのないようにするための工夫が必要となります。

着脱時の環境構成

環境構成の工夫

　子どもの着脱は、プライバシーの保護の視点からまわりの人に見られないようについたてや棚を活用してコーナーづくりをしていくことが基本です。また、少しずつ自分でしようとするようになるため、大人も子どもも衣服のかごなどを出し入れしやすい工夫をしたり、トイレやおむつ交換コーナーと近い場所に置く環境構成が大切となります。

衣服の着替えがしやすい工夫の例

　衣服の着脱の援助の多い0〜1歳児は、着替えやすいようにゴムで一組は保護者にセットしてもらいます。着替えの際は脱いだ服をそのゴムでまとめておき、あとで保育者が片づけ、衣服の間違いがないように工夫しています。

ゴムで着替え一組をまとめる

　また、子ども自身が着脱をするようになると、かごをロッカーから出して、汚れて脱いだ衣服を入れるビニール袋を保護者にセットしてもらい、子どもが片づけやすくするなどの工夫をし、自分で着替えた満足感が味わえるようにしています。

　2歳児になると肌着をズボンの中に入れることも覚えていきます。その際、環境づくりの一つとして、子ども自身が着替えている様子を見ることができるような鏡があると、保育者も鏡を通して子どもと一緒に確認することができます。「かっこよく着ることができたね」など言葉をかけて、満足感にもつながりやすくなるでしょう。このような環境づくりへのささやかな工夫が、生活のしやすさや着脱の自

予備の着替え／今日の着替えと汚れた衣類を入れる袋
子どもが片づけやすい配置にする

立などにつながっていきます。できるところから少しずつ工夫を重ねていきましょう。

靴・帽子・靴下の着脱に関する環境

靴・帽子・靴下は、子どものマークや名前を見やすい部分につけて、可動式で自分で取り出しやすく、片づけやすくすることが子どもにとっても保育者にとっても大切です。

それは、"自分で出し入れができる"意欲にもつながるとともに、わかりやすくすることですぐに取り出すことができるからです。また、帽子入れや靴下入れは、戸外への出入りや登降園に使用したりするため、簡単に移動できるとよいでしょう。特に帽子や靴下を入れるケースは、衛生面を考慮し、洗える素材が望ましいといえます。

靴入れ（外ばき）

靴入れ（上ばき）

子どもにとっては、自分だけのマークがついている、つまり自分だけのものを入れる場所という特別な思いがあります。マークを見ながら「〇〇ちゃんの！」と指さし保育者と顔を合わせて喜ぶなどの姿もよく見られます。また、間違えてほかの子どものものが入っているととても怒った様子で、「これは〇〇ちゃんのじゃない！」と伝えてくることもあるでしょう。このように、"その子だけの大切な場所"であることを理解した環境づくりを心がけましょう。

帽子入れ

さらに、2歳後半から3歳にかけては、脱いだ衣服をたたんでかごに入れる（袋に入れるなど）経験をしていきます。テーブルや椅子を活用し衣服をたたむことができる環境を整え、保育者がそばについて一緒にたたむ経験が積み重ねられるようにしましょう。

靴下入れ

援助のポイント

▶ **子どもが取り出しやすく片づけやすい環境を整える**

子ども自身も少しずつ自分のマークが理解でき、「〇〇ちゃんの」とわかるようになることはうれしいものです。着脱に関心を抱く一歩として、自分の衣服などがどこにあるのかわかる工夫をし、自分で取り出し片づけることができる環境づくりを心がけましょう。

▶ **保育者が子どもの衣服などの入れ違いをしないような工夫をする**

保育者は、複数の子どもの衣服などを扱うため、汚れたものをそれぞれの子どもの保護者に返す際、間違いやすいものです。保育者は、間違いが起こらないように、ゴムでくくる、袋に入れるなどの工夫をしていくとともに、保護者に記名を忘れないようお願いしていくことが大切となります。

4．着脱に関する保護者との連携

 子どもが着脱しやすくするための保護者の協力

　前述のように、子どもが着脱するもののほとんどは、保護者に毎日用意をするよう依頼することが基本になります。また、用意してもらうだけではなく、子どもができるだけ過ごしやすい生活にするために、さまざまな協力を依頼している現状があります。これを、"保護者なんだから当たり前""私たちは保育しているんだからこれくらいしてもらわないと困る"などといった気持ちをもってしまうと、"一人一人の子どもを育て合う関係性""子どもの成長を喜び合う関係性"を築くことはできなくなってしまいます。保育者が子どもの主体性を大切にした保育を日々実現していくために、保護者に協力をお願いするという気持ちをもち、日々の協力に感謝することを忘れないようにしましょう。そのような気持ちが、よりよい保護者との連携となり、子どもの健やかな成長につながります。

　実際の保育で着脱について、保護者の協力を得ている例は以下の通りです。保育者は、これらを協力してもらう意図を保護者にていねいに説明していくことが大切となります。

着脱に関して保護者との連携・協力の例

名前の記入

　名前がないことによって紛失する原因にもなるため、記入場所の例を示すなどして、できるだけわかりやすいところに名前の記入をしてもらう。

着替えやすい衣服

　保育者に全面的に着替えさせてもらう過程から、自分で着替えられる過程を経ていくので、安全で、子ども自身が着替えやすい衣服を用意してもらう。具体的に見本を見せるなどして説明するとわかりやすい。

着替えのセット

　0～1歳児の着脱は、保育者の援助が必要であるため、個人のマークのついたゴムで、肌着・シャツ・ズボン・おむつを一組にセットすることをお願いする。

着替えの予備

　さまざまな場面で衣服を汚すことが多いことから、個人ロッカーには常に2～3組（靴下なども含む）の予備の衣服を用意してもらう。降園時にもち帰った衣服の種類と数を補充してもらう。

靴や帽子などのもち帰り

　週末には、1週間使った帽子や園庭靴（登園靴と戸外で使う靴（園庭靴）が異なる場合）をもち帰って洗濯してもらうように、帰りの準備をする場所に置いておく。その際、砂を落とすなどして気持ちよくもち帰れるようにする。

季節に合わせた衣服

　日本には、春夏秋冬という四季があり、その季節に合わせて衣服も変えていきます。春や秋は、朝夕が肌寒いため調節できる衣服を用意してもらい、夏は汗をかくので着替えを多めに用意してもらい、冬は保育室では厚着しすぎない衣服で戸外では動きやすい上着を用意してもらいます。保育者は、季節に合わせて保護者に掲示や連絡帳などでお願いをしていきます。

春・夏の衣服

　保護者は、体調不良になることを心配して、つい厚着にしてしまうこともあるように思います。保育室内は適切な温度で保たれていることや、子どもは体を動かして遊ぶことから、過度の厚着はかえって風邪をひくなどにつながっていきます。また、厚着は体が動かしづらくなることもあるので、これらを保護者にていねいに説明して、理解してもらえるよ

秋・冬の衣服

うにする必要があります。また、外国籍の子どもの場合は、それぞれの国の文化も影響しています。その国の文化を尊重しながら保護者とコミュニケーションをとっていくことからはじめましょう。

Column　アトピー性皮膚炎と衣服

　アトピー性皮膚炎の症状がある子どもは、汗をかいたままの状態でいたり、衣服で皮膚が擦れてしまうと、症状が悪化してしまう場合があります。アトピー性皮膚炎は悪化すると、常にかゆかったり、痛みを感じるので、年齢の低い子どもは機嫌が悪くなることが多いかと思います。汗をかいたらこまめに着替えをしたり、腕などは汗を流水で流したり、ぬれタオルでやさしく拭くようにしていくことが望ましく、衣服は基本的に皮膚に刺激の少ない木綿100％にすることが大切です。

　また、この症状は塗り薬によって、だいぶ治まることからも、保護者に医師とよく相談するように伝え、子どもが安心して生活できる環境を整えていきましょう。

援助のポイント

▶ 子どもがすすんで片づけに関心がもてるような環境づくりをする

　子どもが普段過ごしている場所を片づけると気持ちよく生活することができる経験をしていくためには、保育者が子どもの発達状況や動線を踏まえて片づけやすい環境づくりをしていくことが大切となります。片づける棚に片づけるものの写真やイラストを貼ったり、片づける箱に仕切りをつけるなど、子どもが入れやすいようにスペースにゆとりをもつなどの工夫をしていきましょう。

▶ **子どものマークは、その子だけの置き場所であることを理解する**
　園では、子どもそれぞれにマーク（動物・果物など）を決めて、その子のものの置き場所として区別していることが多くあります。しかし、子どもや保護者にとっては区別だけでなく、その子どもだけの大切な置き場所という認識があるため、保育者は子どもを大切にする気持ちをもって、シールが剥がれそうであれば貼り替えるなど環境を整えることが大切になります。

🏠 家庭との連携のポイント

● 着脱をする衣服などの用意は、保護者に行ってもらうことが基本であるため、保護者との連携は欠かせません。保護者に気持ちよく協力してもらえるように工夫することがもっとも重要となります。

● 保護者に子どもの発育・発達に合わせた適切な衣服などの用意を依頼するためには、日々の保育の様子を伝えていく中で、適切な衣服などについて伝えながら依頼していくことが大切です。

● 家庭における子どもの着脱の様子やそのときの保護者のかかわり方を連絡帳や送迎時の会話から理解していき、必要なときは助言しながら保護者と保育者が同じ援助となるようにしていくことが大切です。

第
6
回

演習課題

● **調べてみよう！**
　・子ども用衣料品店で、子どもの衣服を実際に見て、素材やその特徴などを整理しましょう。
　・それぞれの年齢区分の衣服のおよそのサイズを確かめてみましょう。
　・諸外国における日常生活の衣服の文化について、調べてみましょう。

● **考えてみよう！**
　・0・1・2歳児それぞれの着脱において、あなたが大切にしたいと思う点とその理由を書き出して学生同士で意見交換をしましょう。
　・着替えの際に、プライバシーを配慮するための具体的な方法をあげてみましょう。
　・靴入れ、帽子入れ、靴下入れなどの子どものマークがついている場所は、どのような意味があるでしょうか。学生同士で話し合ってみましょう。
　・衣服の用意などについて、保護者と気持ちよく協力・連携するための具体的な配慮には、どのようなことがあるか、具体的に考えてみましょう。

● **実践してみよう！**
　・赤ちゃん人形を使って、実際に衣服の着脱の援助をしてみましょう。

清潔に関する援助と環境

第**7**回

子どもが生活する中で、保育者は常に気持ちよく心地よく過ごすことを大切にしています。それらを実現させるための一つが清潔にすることであり、子どもは保育者にきれいにしてもらうことからさっぱりした感覚を感じ、その気持ちよさの積み重ねから、子ども自ら清潔に過ごすことができるようになっていきます。

ここでは、園生活の中で、子どもが日々清潔に心地よく生活していくために保育者が行っていることや、子どもの成長に合わせて保育者が援助をしていくことを通して、子どもが身につけていく清潔について考えていきます。

1．沐浴・清拭

 沐 浴

子どもの肌は新陳代謝が活発なため、一日一度は肌の汚れをきれいに洗い流すことが大切です。夏など暑いときには、一日数回汗を流し気持ちよく過ごすなどの工夫が必要です。子どもの体調（熱、鼻水、咳、機嫌など）や目や耳の病気がないか等を確認した上で、沐浴をしていきます。基本的には、新生児のころまで沐浴槽やベビーバスを使って沐浴しますが、園生活では、主に汗を流す沐浴が中心となるので、お座りが安定して座って水遊びができるようになるまでの子どもが対象となることが多いです。

沐浴の手順

準備 洗面器（お湯を入れる）、お湯を張った沐浴槽（ベビーバス）、ガーゼ、温度計、石けん、着替え一式、綿棒、バスタオル

着替え一式はセットし、上にバスタオルを広げておく。

注意：満腹時は嘔吐などもあるため、授乳直後の沐浴は避ける。

温度は、夏場は38℃程度、冬場は42℃程度に設定する。

沐浴の手順

①子どもに「お風呂ですよ」と声をかけながら、衣服を脱がせ、子どもが安心できるように胸にガーゼを当てる。裸の際には体に湿疹がないか、あざがないかなどを確認する。また手足の状態など身体機能に変化がないかも確認する。

②子どもの頭部、お尻を
しっかり支えて、足の
ほうからお湯に入れる。

③お湯の中で子どもが落ち着
いたら、別の容器のお湯で
ガーゼを湿らせ軽く絞り、
3を書くように顔を拭く。

④子どもが仰向けの状態で、頭、体を洗
う。頭→首→わきの下→おなかの順に
洗う。お湯が耳に入らないよう耳を押
さえる。4本の指をそろえてやさしく
洗う。泡はガーゼを使いすぎ、絞っ
たガーゼで拭く。泡で滑りやすいため
気をつける。

> 注意:「きれいきれいしようね」など、子どもが安心し
> て沐浴できるよう言葉をかけながら行う。

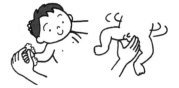

⑤腕や手を洗う。手は指を開いて大人
の親指を握らせるよう洗う。肛門、
性器、足を洗う際は、洗いにくい付
け根やくびれなどもやさしく洗う。

⑥子どもを支える手を変え、腕で
しっかり支え後ろ向きの状態にし
て、首の後ろ、背中、お尻を洗う。

⑦体を洗いおわった
らお湯に入れ体を
温め、最後に上が
り湯をかける。

⑧お湯から上がったらバスタオルで全身をくる
み、やさしく押さえるようにして拭く。耳の穴
は子どもを顔を横向きにして綿棒で拭き取る。

⑨服を着せ、水分補給
として 20 〜 50 cc の
湯冷ましを飲ませる。
⑩沐浴がおわったら、
ほかの保育者に子ど
もを託し、沐浴した
時間や子どもの状態
などの記録をつける。

 ## 清 拭

体調があまりよくないときや汗を拭くことが必要なときには、清拭(せいしき)をします。子どもを
寝ている状態にして、ガーゼをお湯でぬらして絞り、沐浴と同じ手順で拭くことを基本と
し、衛生面に十分に配慮して行います。「顔を拭こうね」「さっぱりするね」など、やさし
く言葉をかけながら気持ちよさを伝えていきましょう。

 援助のポイント

▶ **沐浴・清拭は、衛生面や安全面について十分に配慮をして行う**

沐浴・清拭は、衛生面や安全面に十分な配慮が必要です。事前準備を万全に整え、手順
をしっかり守って行い、おわったあとも、沐浴槽などをきれいに整えておきましょう。

▶ **子どもが沐浴・清拭が心地よいひとときと感じられるようにかかわる**

沐浴・清拭は、子どもが体をきれいにする心地よさを感じられるように、保育者は「気
持ちがいいね」など、やさしく応答的に言葉かけをしながらかかわりましょう。

２．手を拭く・顔を拭く、手を洗う

 手を拭く・顔を拭く

　日常の保育の中で、食事をするときには、温かいおしぼりなどで手や顔を拭いています。「顔を拭こうね」「今度は手を拭こうね」など、拭く行為をする前にきちんと伝えていくことで、子どもの心の準備ができて、気持ちよいさっぱりとした感覚を十分に味わえるようにしていきます。

拭き方の手順

🍀 **手を拭く**

①保育者は、手の上におしぼりをのせて「手を拭こうね」と言葉をかける。

②手のひらや、手の甲を拭く。

③指や手指の間を拭く。

④「次は反対の手を拭こうね」と言葉をかけて、もう片方の手を同じように拭く。

注意：自分でしたい気持ちが出てきたら、子どもに任せながら仕上げを保育者が行っていく。

🍀 **顔を拭く**

①保育者はおしぼりをもって「顔を拭こうね」と言葉をかける。

②「お目めの上と下を拭こうね」と伝えて、目頭から目じりの方向に向けて拭く。

③「鼻のまわりを拭こうね」と伝えて、鼻の左右上下をやさしく拭く。

④「ほっぺのところも拭こうね」と伝え、顔の両側面を拭く。

⑤「口のまわりを拭こうね」と伝え、口のまわりとあごを拭く。

（顔を拭く方向）

注意：手や顔を拭く際には、「気持ちいいね」「さっぱりしたね」「温かいね」などの言葉かけをていねいに行う。

🌿 手を洗う

　一人歩行も安定し、手足の動きがある程度できるようになったころから、手洗い場での手洗いを経験していきます。はじめは、指先が上手に使えないので、保育者が手を添えながら一緒に洗って拭いていきますが、徐々に自分でできるようになり、自分でしようとすることが増えていきます。そのような姿の場合には、見守ったりほめながら、手洗いをする子どもの様子に合わせて援助していくことが大切です。手洗いがおわったときには、「きれいになったね」「いいにおいだね」などと言葉をかけながら、手洗いの確認をしていき、次も"自分で"という意欲につなげていけるようにしたいものです。

```
┌─ 手洗いの手順 ──────────────────────────────────┐
│                                                │
│ 🍀 手を洗う              注意：冬はぬるめの温度で行うなど配慮する。 │
```

①袖をまくる。

②水を出す。回すタイプやレバータイプの蛇口など、出し方や出す量を伝える。

③手を水でぬらし、水を止める。

④石けんをつけ、手を洗う。指の間や指先もしっかり洗う。「ごしごし」など楽しいリズムで手をこする。

⑤水を出し、石けんをしっかり洗い流し、蛇口の石けんなども流し、水を止める。

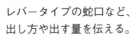

⑥手の水気をきる。「パッパッ」などの楽しいリズムで行う。

⑦自分のタオルで手を拭く。「すりすり」など楽しいリズムで十分に水気を拭き取る。

⑧手を見る、においをかぐなどしてきれいになったことを子どもに伝える。

⑨袖を戻す。

援助のポイント

▶ **保育者は、援助の行為についてやさしく言葉かけをしながら行う**

　複数の子どもがいるため、保育者の援助が先走り、言葉をかけずに手伝ってしまいがちですが、「一緒に石けんをつけようね」「こっちの手を拭こうね」など、保育者がどのような援助を行っているのかを言葉で伝えていきながら、ていねいに進めていくことが大切です。

▶ **子どもが自分でしようとする姿を認めていく**

　できることが増えてくる時期の子どもは、自分でしようとする姿が見られるようになりますが、まだ上手には行えません。自分でしようとする姿を認め見守りながら待ち、最後の仕上げとして保育者がていねいにかかわり、できたことの満足感を大切にしていきましょう。

3. 鼻をかむ、うがい、歯みがき

 鼻をかむ

　季節の変わり目や体調を崩しはじめたとき、鼻水を出す子どもの姿がよく見られます。まだ、鼻をかむことがむずかしい時期には、保育者は子どもに「お鼻が出てるね、拭こうね」と言葉をかけて、ティッシュペーパー（以下、ティッシュ）を鼻に当て、鼻を軽くつまんで鼻水を拭き取り「さっぱりしたね」と気持ちよさを伝えていきます。

　「鼻をフンってできるかな？」といって、子どもが口を閉じて鼻から息が出るようになると、鼻をかむことが徐々にできるようになる時期です。鼻をかむときには、鼻の穴の片方はきちんと押さえてかむように援助します。

鼻のかみ方

鼻をかむ

① 「おはな出ちゃったね」などと言葉をかける。

② ティッシュを取り、2つに折る。

③ ティッシュを鼻に当て、片方の鼻の穴を押さえ、もう片方の鼻の穴から「フン」と鼻をかむ。同じようにもう片方もかむ。

④ ティッシュを鼻からはなす。鼻水のついた面を内側にして両手を合わせるようにしてたたむ。

⑤ 残っている鼻水などをきれいに拭き取る。

⑥ 鼻をかみおえたら、小さくたたみ、ごみ箱へ捨てる。

 うがい

　うがいには、口の中をきれいにするための「ブクブクうがい」と戸外から帰ってきたあとにのどの奥のばい菌を洗い流す「ガラガラうがい」の2種類があります。子どもにとっては、一度口に含んだ水を吐き出すことは簡単なことではないため、はじめはうまくできずに衣服をぬらしてしまうこともありますが、経験を積み重ねて上手になっていきます。「ブクブクうがい」は3歳ころから毎日の食後などに経験していき、その後、子どもの様子を見ながら「ガラガラうがい」のやり方も知らせ経験を積み重ねられるようにしましょう。

うがいの手順

🍀 ブクブクうがい

①コップに4分の1ほどの水を入れます。

②口に水を含み、口を閉じて水を前後に動かすようにしてブクブクうがいをする。

③下を向いて、流しにペッと水を吐き出す。

④これを2〜3回くり返す。

⑤コップを洗って、片づける。

注意：子どもがコップを使用したあとは、保育者がきれいに洗っておく。

🍀 ガラガラうがい

①コップに4分の1ほどの水を入れます。

②口に水を含み、上を向いて軽く口を開けて息を出してガラガラうがいをする。

③下を向いて、流しにペッと水を吐き出す。

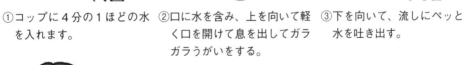

④これを2〜3回くり返す。

⑤コップを洗って、片づける。

注意：子どもがコップを使用したあとは、保育者がきれいに洗っておく。

 歯みがき

　園における子どもの歯みがきは、歯ブラシを口に入れたまま動きまわるなど、危険が伴い大きな事故につながる場合もあるため、園によってさまざまな考え方があります。歯みがきを実施する場合には、安全な環境を確保していくことが重要です。

　この時期の子どもの歯みがきは、歯ブラシに慣れていくことや歯みがきをして口の中を衛生的に保つことを目的としています。0歳児は、保育者がガーゼや乳児用歯ブラシを使ってさっと汚れを落とす程度で、1歳を過ぎるころから歯ブラシに慣れる感覚で歯ブラシを使用し、保育者がみがいていきます。歯みがき粉は使用する必要はなく、ブラッシングで十分でしょう。うがいはできるようであればブクブクうがいを行い、むずかしいようであればお茶を飲むなどしていくことで十分です。口の中に異物が入ることに対して不安を感じて抵抗する姿も見られます。あまり神経質になりすぎず、そのときは水やお茶を飲ませたりうがいをしていくようにして、無理強いしないようにしましょう。

歯みがきの仕方

歯みがきをする

①保育者のひざの上に子どもを寝かせて安定した状態に保ち、子どもの頭を固定する。

②「あ～んして」と口をあけるような言葉かけをして、保育者がブラッシングする。

③水を含み、水を吐き出す。ブクブクうがいをすることで終了。

 援助のポイント

▶ **はじめからできるのではなく、経験を積み重ねてできるようになることを理解する**

　鼻をかむ、うがいをする、歯みがきをする、という行為は、子どもの成長を待つだけでなく、それらの仕方について保育者に援助してもらいながら、少しずつ理解して経験を積み重ねていくことが大切です。少しずつ自分でしようとし、徐々にできるようになっていく過程を大切にして、保育者は子どもに合わせた適切な援助を考えかかわっていくことが求められます。

▶ **きれいになったことを言葉にし、さっぱりした心地よさを伝える**

　清潔は、きれいになってさっぱりした心地よさを子ども自身が経験していくことによって、その感覚が養われていくものです。また、この心地よさは健康な体をつくることにもつながっていくことから、「きれいになってよかったね」「ばい菌、バイバイできてよかったね」などきれいになったことを言葉にし、清潔にしていく大切さを伝えていくことが大事です。

4. 清潔に配慮すべき場所の環境

　清潔に配慮する場所は、常に衛生面などに配慮する必要があります。たとえば、汚れたものを捨てるごみ箱とその周辺や手洗いやうがいをする水を多く使う手洗い場、沐浴室、水遊び場などがあげられます。ここでは、園における、子どもの清潔に配慮する場所を取り上げて、それぞれの配慮を整理しましょう。

ごみ箱とその周辺

　ごみ箱は、子どもの発達に合わせて置く場所が異なっています。0歳から1歳前半くらいまでは、興味・関心から探索して遊びたがることが多いため、子どもの手の届かないところに置くことが多いでしょう。たとえば、ペットボトルでつくって柱にフックをつけてつるしたり、ついたてをして子どもに見えないように置いたりするなどしています。1歳後半くらいからは子どもが自分で鼻をかんだ

ティッシュや製作で使った紙を捨てるなど、自分で使ったものを自分で捨てることができる環境が大切になります。なぜならば、子どもが自らの生活の中で"きれいにする""片づける"ということを意識する第一歩になるからです。
　園においては、自治体のルールに従ってごみの分別をしています。低年齢児には、ごみの分別の意味や仕方を理解するのはむずかしいため、ごみ箱に子どものわかりやすいマークをつけて「うさぎさんのごみ箱に捨ててきてね」というように伝えると、子どもは自分で捨てることができ、自分でできた満足感を感じられるようになります。衛生面から考えるとふたつきのごみ箱が望ましいとされていますが、園によって考え方はさまざまです。子どもにとってごみ捨てがきれいにする楽しい行為となり、気持ちよく過ごすことができる環境づくりをしましょう。

手洗い場

　手洗い場は、手を洗ったり、うがいをするなど、きれいにするために汚れを流す場所であるため、常に清潔に保つことが大切な場所です。また、床がぬれてしまうと滑りやすくなり、転倒などの危険に十分に配慮しなければならない場所でもあります。

　子どもや保育者が使いおわったあとは、蛇口から水が出ていないか、手洗い場のまわりや床

がぬれていないか、石けんは置くべきところにあるかなどを確認し、次の人が使うときに気持ちよく安全に使えるように整えておくことが大切です。子どもが清潔に関する意識を高めていくためにも、普段汚れやすい場所こそ、清潔に保つように心がけましょう。

 ### 沐浴室、水遊び場

夏の暑い時期に多い沐浴や水遊びですが、低年齢の子どもにとっては、体をきれいにしたり、汗を流したりする目的があります。そのため、子どもが清潔になる場として、きれいに使っていく必要があります。

沐浴室では、一人の子どもを沐浴したあと、沐浴槽を清掃・消毒して、次の子どもの沐浴となります。また、お湯を扱うことからも水浸しになりやすく、そのままにしているとカビなどが発生して清潔さが保てません。沐浴が終了したら可能な限り、水滴などは拭いておくことが望ましいといえます。使用した温度計、洗面器、石けん置き場なども水分が残らないようにしておきましょう。

低年齢児の水遊びは、遊ぶ水を清潔に保つことが大切です。使用している水は水道水であり、少量の塩素が含まれています。集団で入るプールのように消毒のための塩素剤は、低年齢児の皮膚への悪影響も考慮して使用することはあまりありません。よって、低年齢児が水遊びをする際には、その都度水を入れ替えることが望ましいでしょう。

遊びおわったら、水遊びの道具は、水道水で洗って、水を切って乾かすことが基本です。次に使うときに不衛生な状態にならないようにしましょう。

また、このような場所は近くに洗剤や薬品が置いてある場合があるので、子どもの手が届かない場所に常時置くようにします。

 援助のポイント

▶ **汚れたものをきれいにする場所こそ、きれいに整った環境づくりを心がける**

汚れたものをきれいにする場所は、当然のことながら汚れやすい場所といえます。そのような場所こそ、きれいに環境を整えて、子どもが自らきれいにしようとする前向きな姿勢をもてるように配慮していってほしいものです。保育者は、水分を拭き取る、汚れはこまめに落とすなど、常にきれいな状態に保てるような工夫をしていくようにしましょう。

▶ **子どもが清潔について興味・関心がもてるような環境づくりをする**

子どもが清潔について興味・関心をもてるようにするには、自分でできることが徐々に増える中で任せていくようにすることです。たとえば、ごみを捨てる、道具を一緒に洗って片づける、ぬれた床を拭くなどがあげられます。その際、保育者は「ありがとう」など、お礼を伝えていくとよいでしょう。

🏠 家庭との連携のポイント

●清潔は、子どもの成長に伴って獲得する感覚ではなく、保護者や保育者が援助をして経験したり伝えたりしていくことによって養われていく感覚であることを保護者に伝え、きれいになったことの心地よさを子どもにていねいに伝えていくようにすることが大切です。

●自分でしようとしてうまくできないことに子どもが苛立ちを見せたり、その子どもの姿を見て保護者が心配することも予想されるので、家庭での手洗いなどの様子を聞きながら、適切な助言をしていきましょう。

●子どもが興味・関心をもてるように保護者や保育者が言葉をかけていくことが大切な時期であることを伝え、大人の思いが先行して無理強いをしないようにしましょう。

●子どもが自分でできる環境づくりを大切にするように、家庭でも工夫してもらえるように伝えていきましょう。

演習課題

● **調べてみよう！**
　・子どもの歯みがきについての方法や使用する歯ブラシにはどのような種類があるのか調べてみましょう。
　・実際の保育室を見せていただき、ごみ箱が保育室のどのような場所に置いてあるのか調べてみましょう。

● **考えてみよう！**
　・沐浴をする前、沐浴中、沐浴後に、保育者は子どもにどのような語りかけをするのか、考えてみましょう。
　・手洗いをする前、手を洗っている最中、手洗い後に、保育者は子どもにどのような語りかけをするのか、考えてみましょう。
　・子どもの清潔の配慮として、大切だと思うこと考えてみましょう。
　・清潔を保つことは、子どもの成長にどのようにつながっていくのか、考えましょう。

● **実践してみよう！**
　・赤ちゃん人形を使って、沐浴槽があるイメージで沐浴を実践してみましょう。
　・実際に正しい順番で手洗い、ブクブクうがい、ガラガラうがいを実践してみましょう。

🦋 Column　乳児自らが清潔に関する感覚を養っていくために

　子どもは、椅子やテーブル、ままごと道具、ブロックなど、さまざまな備品やおもちゃを毎日使って園生活をしています。乳児保育においては、基本的には保育者がそれらの清潔を保つために拭いたり洗ったりしますが、遊びの様子によっては子どもと一緒に行っていくこともよいでしょう。乳児が日々の保育の中で、自分が使っているものを自分できれいにしていくことは、主体的に生活している姿の一つであり、清潔に関する感覚を養っていくことでしょう。

第 **8** 回 乳児保育における 健康と安全

保育者は、子どもが健やかに成長することを願い、よりよい保育を目指して日々努力をしています。それを実現していくために事故防止および安全対策は最優先であることが大前提となります。また、園にはさまざまな家庭状況の子どもが生活をしており、ときには虐待を心配するケースもあります。そのような場合、園や保育者は子どもの安全基地となり、あらゆる方法で子どもを守っていくことが重要となります。ここでは、子どもが安全・安心に生活するため、保育者がどのような対応を行っているのか考えていきます。

1. 事故防止・安全対策の基本

園における子どもの事故は、あってはならないことであり、保育者は子どもの生命があってこそ、よりよい保育を目指すことができます。しかし、保育者がどんなに努力をしたとしても残念ながら事故はゼロにはならない事実もあります。特に、乳児期の子どもの場合は、自ら危険を避けたり見通して行動するなど、自分の身を自分自身で守ることがむずかしいため、事故が起こりやすい年齢といえます。だからこそ、園全体で、そして保育者一人一人が、目の前の子どもの事故を限りなくゼロに近づけるための努力を常にし続けることが重要となるのです。これらの具体的な取り組みについて考えてみましょう。

まず、事故発生の防止について、全職員で共通理解をもって組織的に取り組めるようにすることです。そのために、事故防止マニュアルの作成などをして、みんなで一緒に取り組む意識をもつことが大切です。そして、職員同士でコミュニケーションを図り、情報共有を行うとともに、事故防止に関する実践的な研修を実施していくことが求められます。また、毎日の保育の中での安全管理も大切です。保育室や園庭など子どもが日々過ごしている園舎はもちろんのこと、よく利用する散歩の経路や公園などの異常や危険性の有無などについて定期的に点検をして、記録をつけて全職員で把握できる環境づくりが重要となります。それが、"安全な環境の中でよりよい保育ができること"につながるのです。

さらに、これらの取り組みをする中で、ヒヤリ・ハット事例の収集やその要因の分析なども大切になります。ヒヤリ・ハットとは、重大な事故などには至らなかったもののあと一歩で事故などになる"ヒヤリとした""ハッとした"事例の発見をいいます。これらを事故に至らなかったことで見過ごすことなく、ヒヤリ・ハットとなった要因は何であるのか、どうすればこのようなヒヤリ・ハットをなくすことができるのかなどを明らかにして必要な対策をしていくことが、次の大きな事故を防止していくことにつながります。

２．乳児保育における事故防止・安全対策

　乳児保育においては、発達が未熟な状態である子どもの保育であるがゆえに、自分の身を自分で守ることがむずかしいため、保育者がよりていねいに事故防止および安全対策を行っていくことが重要です。そして、万が一事故が起こってしまった場合の対処についてもしっかり身につけておき、いざというときに冷静に対処していくことが求められます。

　乳児期の子どもに起こりやすい事故は、誤飲や窒息です。誤飲は、食べ物以外のものを誤って飲み込む事故であり、窒息は呼吸ができなくなる事故で、誤嚥や溺水、うつ伏せ寝などがあげられます。体調不良の際には、嘔吐やひきつけ・痙攣から窒息につながることも頭に入れて対処できるようにしましょう。さらに、心肺蘇生法や乳児のAED（自動体外式除細動器（Automated External Defibrillator）；心停止状態の心臓に電気ショックを行い、心臓を正常なリズムに戻すための医療機器）の使い方なども定期的に確認しておくとよいでしょう。

乳児が起こしやすい事故や症状

場面	事故防止および安全対策	応急処置および対処
誤飲	「直径39 mm長さ51 mm以下」のおもちゃやものは子どもの手の届くところに置かないようにする。誤飲チェッカーを活用するとよい。洗剤などの飲み込むと危険なものは特に注意をする。	誤飲したものによって応急処置は異なり、適切な応急処置が重要となる。主に、吐かせる、牛乳や水を飲ませる、何もせずに急いで医療機関で受診するといった対処があげられる。
誤嚥	「直径39 mm長さ51 mm以下」のおもちゃやものは子どもの手の届くところに置かないようにする。誤飲チェッカーを活用するとよい。食事中にも起こりうるため、よく観察を行う。	まず、吐き出すまで強い咳を出させる。それができない場合は、背部叩打法や腹部突き上げ法をくり返し行う。呼吸ができない状況でチアノーゼ（血液中の酸素が不足することで、唇や指先などの皮膚や粘膜が青紫色に変化した状態）の症状などが出た場合はすぐに救急車を呼ぶ。
溺水	水遊びだけでなく水がある場所に、子どもだけで行かせないようにする。また、水がある場所では、保育者が必ずついて、全体を把握するようにし、すぐに救急車を呼べるように携帯電話をそばに置いておく。	まず、危険のない平らな場所に移す。子どもがうつ伏せで反応がないときは、すぐに救急車を呼び、呼吸確認をして、必要に応じて心肺蘇生をし、救急車が来るのを待つ。意識があり、泣く、苦しがるときは、毛布でくるんで保温し、急いで医療機関で受診する。
睡眠中の窒息	うつ伏せで寝かせないことを基本とし、柔らかい布団を避け、タオルケットなどを頭までかぶせない。顔のまわりにものを置かないようにする。子どもの午睡中は、必ず保育者がそばについて午睡チェックを行う。	お腹や胸、背中などの動きを見て、直接触れて普段通り呼吸をしているかを確認する。普段通り呼吸をしていれば、仰向け寝にし、呼吸が弱い場合は、呼びかけて反応を確認し、反応があれば仰向け寝、反応がなければ救急車を呼ぶ。呼吸がない場合には、すぐに救急車を呼ぶ。必要に応じてすぐに心肺蘇生を行う。
嘔吐	感染症や胃腸炎などが流行している場合、感染防止のため、おもちゃ遊具などの消毒を行い、十分に換気を行う。子どもの体調がすぐれず嘔吐などが予想される場合には、子どもの様子を細やかに観察する。子どもが嘔吐物で窒息しないような対処を理解しておく。嘔吐処理セットがどこにあるのか、事前に把握しておく。	立った状態で嘔吐をした場合には、下を向くように言葉をかける。寝た状態で嘔吐した場合には、すぐに体を横にして、嘔吐物を吐き出せる体勢にする。嘔吐が落ち着いたら、子どもの口をきれいにして、衣服が汚れたらビニール袋に入れ、体をきれいにするためにシャワーなどをする。保育室などが汚れた場合には、嘔吐処理セットを使って適切に処理をする。
ひきつけ・痙攣	一般的に前ぶれなく起こることが多いため、起こったときに冷静に対処するための予備知識をもつ。以前痙攣を起こしたことがある子どもは、対処方法について保護者と確認しておく。	まず、ひきつけ・痙攣が起きた時間やけがの有無について確認し、子どものまわりにある危険なものを取り除く。ひきつけ・痙攣のみで落ち着いた場合には、様子を見て医療機関で受診する。転倒して頭を打った可能性がある場合や痙攣が5分以上続く場合、けがをした場合など、少しでも心配なときには119番通報をし、対処の指導を受け救急車を待つ。その後、必要に応じて衣服をゆるめ気道を確保し経過観察をしたり、心肺蘇生を行う。

第8回

遠藤登『保育救命―保育者のための安心安全ガイド』メイト、2017を参考に著者作成

91

　もう一つあげられる乳児期の子どもに起こりやすい事故は、転倒・転落です。子どもは、高いところに興味・関心が高まると、自ら上りたがったり踏み台などを使おうとして、思いのままに行動しようとします。また、危険を見通して気をつけて行動することもむずかしいので、滑ったりものに足をひっかけたりする姿もよく見られます。この時期の子どもの行動を予測して、事故防止や安全対策に努めていくとともに、子どもが転倒・転落した場合の対処法もしっかりと身につけておくことが大切です。

乳児の想定される転倒・転落事故とその対策および対処

場面	想定される事故	事故防止および安全対策	対処法
ベビーベッド	転落、窒息、体の一部が挟まれる	必ず保育者がそばにつく、安全ロックを必ず確認して使用する、踏み台になるようなクッションなどを置かない、寝ているときには窒息を予測できるタオルなどを置かない。	意識がない場合、体が動かない場合は、すぐに救急車を呼ぶ。必要に応じて心肺蘇生を行う。意識があり、骨折、打撲、外傷がある場合には、それぞれの適切な応急処置を行い、医療機関で受診する。たんこぶができた場合には、冷たいタオルで冷やして様子をみる。受診の有無を問わず、24〜48時間の経過観察をするように、保護者にも依頼する。体の一部が挟まれた場合は、子どもの気持ちを落ち着かせてから、保育者が柵や挟まれた体の部位を動かして抜く。抜けない場合には、無理をせずに119番通報をする。
おむつ交換台	転落	必ず保育者がそばにつく、安全ベルトを使用する。	意識がない場合、体が動かない場合は、すぐに救急車を呼ぶ。必要に応じて心肺蘇生を行う。意識があり、骨折、打撲、外傷がある場合には、それぞれの適切な応急処置を行い、医療機関で受診する。たんこぶができた場合には、冷たいタオルで冷やして様子を見る。受診の有無を問わず、24〜48時間の経過観察をするように、保護者にも依頼する。
階段	転落、転倒	子どもが階段の上り下りをしている下段に保育者がつく、手すりにつかまって上り下りするように伝える、少人数で行動する。	
滑りやすい場所（トイレ・廊下・水遊びなど）	転落、転倒	履物を使用する。子どもに走らないように伝えていく。水を使うような場所にはマットを敷く。保育者が一緒に行動する。	
固定遊具	転落、転倒、体の一部が挟まれる	遊具の種類や危険な場所、子どもの遊ぶ人数などに応じて、保育者がそばについたり、遊ぶ前に子どもに遊具の使い方を伝えるなどして、子どもの発達に応じて使用する。	意識がない、体が動かない場合は、すぐに救急車を呼ぶ。意識があり、骨折、打撲、外傷がある場合には、それぞれの適切な応急処置を行い、医療機関で受診する。たんこぶができた場合には、冷たいタオルで冷やして様子を見る。受診の有無を問わず、24〜48時間の経過観察をするように、保護者にも依頼する。体の一部が挟まれた場合は、子どもの気持ちを落ち着かせ、保育者が遊具など動かして挟まれた体の部位を抜く。抜けない場合には、無理をせずに119番通報をする。

遠藤登『保育救命—保育者のための安心安全ガイド』メイト、2017 を参考に著者作成

　また、水に関する事故も絶えません。基本的に乳児は、排泄の自立が完成されていないために、衛生面の配慮から集団でのプール遊びはせず、たらいなどを使って個別に水遊びを楽しみます。その際にも、たらいの中には入らずに遊ぶようにし、やさしく言葉をかけていくことが大切となります。少量の水でも子どもは溺水する可能性があることや、水の塩素濃度が薄くなるとばい菌が繁殖しやすくなることなどから、水遊びについては、保育者間の連携を密にして、最初から最後まで子どものそばについて安全確保された中で楽しむことができるように配慮することが重要となります。

3．アレルギー反応のある子どもへの対応

　近年、アレルギー反応がでる子どもが増えています。その症状は、かゆみ、じんましん、呼吸困難などがあげられ、子どもはとてもつらい状態になります。また、アナフィラキシーといった重篤な状態になると、生命にも危険がおよぶこともあります。そのため、保育者は、その症状を出さない安心・安全な生活を保障していくために、“アレルギーとなる物質を取り除く”ことが重要となります。アレルギー反応の原因は、以下のようにさまざまでその原因に合わせて、医師の指示のもとに対応していくことが基本となります。

　また、医師の指示でエピペン® (EpiPen®：アレルギーなどによるアナフィラキシーに対する緊急補助治療に使用される注射型の医薬品。体重 15 キロ未満の子どもには処方されない)を園で預かった上で、子どもにアナフィラキシー等の重篤な反応が起きた場合には、子ども本人に代わって保育者がエピペンを使用してアナフィラキシー症状の進行を一時的に緩和してから、受診あるいは救急搬送します。3 歳未満児ではエピペンを預かることは、ほとんどありませんが、使用方法や保管方法など基本的知識を身につけておきましょう。

主なアレルゲンとその対応

アレルギーとなるもの	具体的なもの	園での対応
食品	鶏卵、牛乳、小麦、大豆、魚介類、魚卵、ナッツ、果物など	医師の指示書をもとに、保護者と確認し合い除去をする。
植物（花粉）	スギ、ヒノキ、ブタクサ、ヨモギなど	薄手の長袖・長ズボンを着用する。症状がひどいときには室内で過ごす。
動物	犬、猫、うさぎ、にわとりなど	動物に近寄らない。
カビ・ほこり	カビ・ほこり（ハウスダスト）	完全に取り除くことはむずかしいため、日常の掃除を徹底し、清潔を心がける。

厚生労働省「保育所におけるアレルギー対応ガイドライン」2017 および遠藤登『保育救命―保育者のための安心安全ガイド』メイト、2017 を参考に著者作成

　上記の中でも、園生活では、食物アレルギーについてはもっとも注意を払う必要があります。医師の指示書をもとに、家庭との連携はもちろんのこと、全職員が連携を密にして安心して食事ができるようにしていきます。基本的には、園長・看護師・栄養士・調理師・担任保育者がアレルギー会議を行うことで共通理解をもつとともに、食事やおやつの調理や提供についてもその都度しっかりと言葉に出して複数の職員で確認していくようにします。

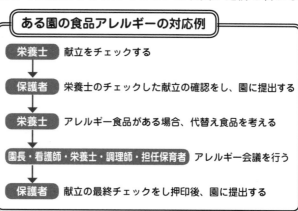

ある園の食品アレルギーの対応例

栄養士	献立をチェックする
保護者	栄養士のチェックした献立の確認をし、園に提出する
栄養士	アレルギー食品がある場合、代替え食品を考える
園長・看護師・栄養士・調理師・担任保育者	アレルギー会議を行う
保護者	献立の最終チェックをし押印後、園に提出する

4．園外遊びにおける事故防止・安全対策

　園で生活する子どもは、一日の大半の時間を園内で過ごしています。園内で過ごす時間も大切な保育ですが、園外に出て過ごす時間は、子どもにとってとても楽しいひとときであり、園内ではできない豊かな経験をする機会でもあります。また、近年は園庭のない園もあることから、散歩などの園外遊びはとても大切な保育の一つといえるでしょう。

　乳児保育における主な園外遊びは、心地よく外気浴をしたり、子どもの思いのままに探索遊びをしたり、広いスペースや公園にある乳児用遊具を使って気持ちよく体を動かすなどがあげられます。また、地域の人々と挨拶や話をしたり、商店街の雰囲気を楽しんだりするなど園周辺の環境とかかわっていくことも大切な経験です。

　このような園外遊びを、乳児一人一人が心地よく楽しんでいくためには、じっくり取り組み楽しむことができる配慮が大切となります。たとえば、少人数で出かけて道端のたんぽぽをゆっくりと見て楽しむなど、子どもの様子に合わせて柔軟な対応ができるようにしましょう。また、距離や目的地を無理のない範囲で設定し、歩きはじめの子どもが歩くときには子ども同士が手をつなぐなどのルールは避けましょう。

　また、乳児保育における園外遊びは、安全対策をよりていねいに行うことが大前提となります。行く先の道のりや、公園にたばこの吸い殻やガラスの破片、動物の糞尿、遊具の破損など危険物がないかの事前確認を行い、交通事故に巻き込まれるなどにも十分に気をつけなければなりません。保育者は少なくとも2人以上で行く（算定よりも余裕をもった人数）ことで、いざというときに適切に対応しやすくなります。そして、散歩する前、園外保育報告書に行き先や子どもと保育者の人数などを書き、帰ってきて園外遊びの報告を記入します。そうすることで、その後の安全対策につなげていくことが可能になるのです。

園外保育報告書					
日付	クラス	目的地	子ども・人数	引率保育者	園外保育報告
11/23（水）	ひよこ	○○遊歩道	3人	小泉・谷	遊歩道を子どもの歩行のペースに合わせて散歩した。緩やかな坂道のところに落ち葉があり、滑りやすい状態であったので、保育者が先頭を歩き取り除くようにした。また、昨日の雨で水たまりがあり、避けるように言葉をかけた。落ち葉を拾って遊び、秋の自然を感じる遊びが経験できた。
	出発時間	帰園予定時間	携帯電話持参者	備考	
	10:00	10:30	小泉		

Column　避難兼用お散歩車

　園内には、子どもが座って出かけるベビーカーのほかに、つかまり立ちをしっかりできるようになった子どもが乗る避難兼用お散歩車があります。普段は公園などの目的地に行って遊ぶときに乗っていく立ち乗りベビーカーとして使い、避難するときには子どもを乗せる避難車として利用します。乗り慣れておくことで、実際に避難する際、子どもが不安なく乗ることができ、安全に避難を行うことができます。

5．子ども虐待への対応

　子ども虐待は、年々増加傾向にあり深刻な問題となっています。虐待には、①身体的虐待（殴る、蹴る、投げ落とす等）、②性的虐待（子どもへの性的行為、性器を触るまたは触らせる等）、③ネグレクト（家に閉じ込める、食事を与えない等）、④心理的虐待（言葉による脅し、無視等）の4つがあります（「児童虐待の防止等に関する法律」第2条）。虐待されている子どもは、複数の種類の虐待を受けている傾向にあり、心身ともに傷つき、常に不安を抱えており、虐待の後遺症による障がいや生命の危機にもつながります。子どもは大人に依存した生活をしているため、虐待から子どもを守る地域社会づくりが重要となります。そのため、子どもが日々通う園では、子どもを虐待から守る大きな役割を担っています。

　乳児期の子どもの虐待は、保護者の育児不安や日々の忙しさ、経済的な問題などにより、ごく普通の家庭でも起こりうることであり、保育者は発生予防・早期発見に努めていく必要があります。保育者は、毎日の園生活において、以下にあげられる場面を中心に、"いつもと違う"と感じる保護者や子どもの様子のささやかな変化に気をつけていきましょう。

虐待の疑いのサイン

登園・降園時

・保護者：子どもへの言葉かけが乱暴あるいは否定的である、子どもに対して冷淡である、子どもに対し無関心もしくは過度な依存がある、子どもの話に関心がないなど。
・子ども：体や衣服が不衛生、保護者と離れると安心した表情になる、くり返しけがをするなど。

着脱時

・不自然な傷やあざが多い、やけどなどのあとがある、体や衣服が不衛生、着脱の援助を嫌がるなど。

身体測定や検診時

・不自然な傷やあざが多い、やけどなどのあとがある、体や衣服が不衛生、病気ではないのに身長や体重の増加率が悪い、虫歯が多いまたは急激に虫歯が増えるなど。

日々の子どもの姿

・表情や反応が乏しく笑顔が少ない、手をかざすと身をかがめる、身体的接触に不安や怯えがある、他者に対して乱暴である、集団に入れない、食べ物に固執するなど。

　保育者が"虐待かもしれない"と感じたら、まず同じクラスの保育者や主任、園長などに報告をし、日時など詳細の記録を行い、必要に応じて写真を撮って保管します。園長から全職員に園としての統一した方針を伝え、連携を密にしていきます。さらに、適切な機関（児童相談所・福祉事務所など）に疑いがある段階で通告します。ただし、子どもにはいつも通りかかわり何より心地よく安心できる園生活を保障していきましょう。保護者に対しては常に肯定的にかかわり、"社会とつながりのある場"として登園し続けてもらえるようにします。

6. 防災対策

　日本においては、阪神淡路大震災や東日本大震災をはじめ、さまざまな災害が起こっている現状があります。私たちは、それらがいつ起こるのか、どのくらいの規模なのかなどを予測することができません。そのため、さまざまな災害がいつ起きてもおかしくないことを想定してしっかりと防災対策をしていくことが求められます。

　想定される災害には、地震・火災・風水害・豪雪などがあげられますが、近年は不審者への対応なども想定し、子どもの生命はもちろんのこと、職員自身の生命を守ることも考えて対策を行います。特に乳児保育においては、子ども自身で身を守ることができないだけでなく、いつもと異なる緊迫した雰囲気に不安を感じ、泣いたりパニックになり保育者の言葉に耳を傾けることがむずかしくなり、担任保育者だけでは十分な対策をすることができません。ほかの職員とも密に連携をとりながら、対策をしていくことが重要となります。具体的には災害が起きたときにクラスに来てもらう職員を決めておき、毎日の保育の中で顔を見せてもらい安心できる関係性を築く、子どもを避難させる際に一緒に行動するなどです。

　これらをいざというときに確実に実現していくために実施するのが、以下のような避難訓練計画です。定期的に避難訓練を実施していくことで、改善策や配慮すべきことなどの新たな気づきを積み重ね、目の前の子どもに合わせた防災対策ができるようになります。

×××× 年度　10月　避難訓練計画			
10 月 20 日（水）		天気　くもり	訓練担当者　佐藤・田島
出席園児数　103 名 出勤職員数　30 名		ねらい	調理室からの出火および火災拡大を想定し、東門を使用して近くの○○公園への避難を経験する。
実施計画	時間	10:00 ～ 10:30	対象　全園児および全職員
	想定	【想定】 ☑ 火災　・　□ 地震　・　□ その他の災害（　　　　　　　　） 調理室より出火し、初期消火しきれずに火災拡大の可能性が出てくる。	
	内容	【具体的内容】 調理室において調理中に出火したため、調理室から離れた園庭の東門前に一時避難をする。しかし、初期消火がしきれず火災拡大の可能性があるため、園長の指示により東門より近くの○○公園に避難する。	
	場所	【実施場所】 ○○公園	【実施範囲】 全体・　部分（　　　階）
	避難場所および初期消火	【集合場所】 園庭の砂場側に集合してから○○公園へ移動する	【初期消火】 調理師・栄養士により実施
	想定される避難方法	【幼児クラス】 他クラスの保育者とも協力して、子どもが靴を履いて、帽子をかぶり、ハンカチで口を押さえて園庭に集合するよう促す。そして、人数確認終了後に、子どもが2人1組になって並び、○○公園へ避難する。不安がる子どもには、保育者が言葉をかけたり、手をつなぐなどして少しでも安心して避難できるようにする。 【乳児クラス】 各クラスの保育者と避難対応の職員で子どもに靴を履かせて帽子をかぶせるとともに少しでも不安をとりのぞきながら、子どもの発達や様子に合わせてベビーカーや避難車の使用、おんぶ・抱っこ、手をつないで歩くなど、適切な方法で園庭に避難する。人数確認後、子どもの発達や様子に合わせて○○公園に移動する。	

 援助のポイント

▶ 保育者として子どもの生命を預かり守る意識をもつ

保育者は子どもの生命を預かり守る立場です。特に乳児に関しては自分自身の身を自分で守ることができないため、保育者が子どもの発達の特性を把握し、子どもの動きを予測したり、事前に危険を取り除いたりするなどの対策を常に意識して行っていきましょう。

▶ 子どもが危険に陥ることも想定し、いざというときのさまざまな対応をしっかりと学ぶ

保育者は、子どものけがや事故が起こることもしっかり想定しておき、いざというときの応急処置や必要となる対応についてきちんと学び、身につけておく必要があります。乳児保育においては、乳児のAED（本書 p.91 参照）の使い方、乳児を想定した心肺蘇生法や人工呼吸法、警察や消防署（救急車）への連絡方法、保護者への連絡など、冷静に対応できるようにしておきましょう。

▶ 目の前にいる一人一人の子どもが安心・安全に園生活ができるための配慮をする

乳児は発達に合わせた対応のほか、アレルギーやさまざまな家庭的背景をもつ子どもへの個別の対応が必要です。保育者は、それぞれの子どもの姿をまるごと受け止め、安心・安全に園生活を送るため細やかな配慮のもと保育を行うことが大切です。

🏠 家庭との連携のポイント

● 乳児の生活には事故防止・安全対策が欠かせないことを保護者に知ってもらい、園ではどのようにしているのか、あるいは家庭ではどんなことに注意すべきかなどを保護者会等の機会に伝えていきましょう。

● アレルギー反応のある子どもは、医師の指示書のもとに園での食事やおやつなどについて、保護者と密に連絡を取り合い確認しながら安心して進められるようにしていきましょう。

● 園外遊びの大切さや乳児の散歩の方法を伝え、家庭でも休日などに戸外に出て遊んでもらえるようにしていきます。また、「お散歩マップ」などを掲示して近くの公園などを紹介するのもよいでしょう。

第8回

演習課題 Q

● **調べてみよう！**

・乳児のAEDの使い方や心肺蘇生法、人工呼吸の手順を調べてまとめましょう。

・自宅から近くの公園に行く道のりと公園において、乳児が遊ぶことを想定して、どのようなことが危険だと感じたり思ったのか調べてみましょう。

● **考えてみよう！**

・乳児の虐待に関する新聞記事から、虐待を未然に防ぐとしたらどのような方法があったのか考えてみましょう。

・アレルギー反応のある子どもが他の子どもと別の食事を食べる状況に、まわりの子どもが疑問を感じたとき、保育者はどのように言葉をかけるのか考えてみましょう。

● **実践してみよう！**

・自宅から一時避難場所および広域避難場所にいく安全な道のりを調べて、実際に歩いてどれくらいかかるのか実践してみましょう。

乳児（0歳児）の 保育内容と遊び

1. 乳児（0歳児）保育の「基本的事項」

誕生から生後1年の間には著しい成長・発達が見られます。保育者は安全で衛生的で心地よい環境を用意し、乳児の欲求に応じた食事・排泄・睡眠・衣服の着脱・清潔などの基本的生活習慣に関する援助と、自らしたい遊びを十分に楽しむことができるような援助をし、乳児の健全な心身の発達を支えます。また、1人の乳児に特定の保育者がかかわり、表情や泣き、行動を受け止め、やさしい語りかけやていねいな応答をします。愛情豊かな保育者の応答的な保育の中で、乳児は安心して人とのかかわりの心地よさを感じ、アタッチメント（ある人物が特定の大人（他者）との間に結ぶ情緒的な絆。愛着とも呼ぶ）の形成や基本的信頼感を獲得し、豊かな感性を育んでいきます[1]。

2. 乳児（0歳児）保育の「ねらい及び内容」

乳児保育の「ねらい及び内容」には、「健やかに伸び伸びと育つ」「見近な人と気持ちが通じ合う」「身近なものと関わり感性が育つ」の3つの視点があります。各視点のねらいと内容を確認しておきましょう。

※「保育指針」と「教育・保育要領」はおおよそ同じ内容であるため、ここでは「保育指針」を掲載している。下線部は「保育指針」、（　）内は「教育・保育要領」の用語を示している。

> ### 「ねらい及び内容」
>
> #### 健やかに伸び伸びと育つ（身体的発達）
>
>
>
> 健康な心と体を育て、自ら健康で安全な生活をつくり出す力の基盤を培う。
>
> **（ねらい）**
> ①身体感覚が育ち、快適な環境に心地よさを感じる。
> ②伸び伸びと体を動かし、はう、歩くなどの運動をしようとする。
> ③食事、睡眠等の生活のリズムの感覚が芽生える。
>
> **（内容）**
> ①保育士（保育教諭）等の愛情豊かな受容の下で、生理的・心理的欲求を満たし、心地よく生活をする。
> ②一人一人の発育に応じて、はう、立つ、歩くなど、十分に体を動かす。

③個人差に応じて授乳を行い、離乳を進めていく中で、様々な食品に少しずつ慣れ、食べることを楽しむ。

④一人一人の生活のリズムに応じて、安全な環境の下で十分に午睡をする。

⑤おむつ交換や衣服の着脱などを通じて、清潔になることの心地よさを感じる。

身近な人と気持ちが通じ合う（社会的発達）

　受容的・応答的な関わりの下で、何かを伝えようとする意欲や身近な大人との信頼関係を育て、人と関わる力の基盤を培う。

（ねらい）

①安心できる関係の下で、身近な人と共に過ごす喜びを感じる。

②体の動きや表情、発声等により、保育士（保育教諭）等と気持ちを通わせようとする。

③身近な人と親しみ、関わりを深め、愛情や信頼感が芽生える。

（内容）

①子ども（園児）からの働きか（掛）けを踏まえた、応答的な触れ合いや言葉が（掛）けによって、欲求が満たされ、安定感をもって過ごす。

②体の動きや表情、発声、喃語等を優しく受け止めてもらい、保育士（保育教諭）等とのやり取りを楽しむ。

③生活や遊びの中で、自分の身近な人の存在に気付き、親しみの気持ちを表す。

④保育士（保育教諭）等による語りか（掛）けや歌いか（掛）け、発声や喃語等への応答を通じて、言葉の理解や発語の意欲が育つ。

⑤温かく、受容的な関わりを通じて、自分を肯定する気持ちが芽生える。

身近なものと関わり感性が育つ（精神的発達）

　身近な環境に興味や好奇心をもって関わり、感じたことや考えたことを表現する力の基盤を培う。

（ねらい）

①身の回りのものに親しみ、様々なものに興味や関心をもつ。

②見る、触れる、探索するなど、身近な環境に自分から関わろうとする。

③身体の諸感覚による認識が豊かになり、表情や手足、体の動き等で表現する。

でんしゃね

（内容）

①身近な生活用具、玩具や絵本などが用意された中で、身の回りのものに対する興味や好奇心をもつ。

②生活や遊びの中で様々なものに触れ、音、形、色、手触りなどに気付き、感覚の働きを豊かにする。

③保育士（保育教諭）等と一緒に様々な色彩や形のものや絵本などを見る。

④玩具や身の回りのものを、つまむ、つかむ、たたく、引っ張るなど、手や指を使って遊ぶ。

⑤保育士（保育教諭）等のあやし遊びに機嫌よく応じたり、歌やリズムに合わせて手足や体を動かして楽しんだりする。

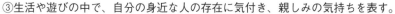

第9回

99

3. 乳児（0歳児）保育の「内容の取扱い」

 生理的欲求・心理的欲求の受容

　乳児は、お腹がすいた、おむつが汚れた、眠い、暑い・寒い、かかわってほしいなどを表情や泣きや発声、動きで表現します。保育者は授乳をする、おむつを交換する、心地よく眠れるようにする、衣服や室温の調節をする、抱っこするなどの対応をします。単に乳児の欲求に応じるだけでなく、思いやりをもって乳児と向き合い、「どうしたの？」「お腹がすいたね」「おむつが汚れて気持ちが悪かったのね」などと乳児が求めていることを受け止め、言葉にしてやさしく語りかけ、抱っこしたり、スキンシップをとりながら、愛情豊かにかかわることが重要です。

乳児へのていねいな語りかけ

　乳児の欲求や訴えを保育者は言葉にしてかかわります。

 **「お腹がすいた」の訴えに授乳や離乳食の援助を行う保育者**

おむつ交換をする保育者

散歩する保育者

安全・清潔・心地よい環境を整える

　乳児期は、身体運動や手指の発達が著しい時期で、一人一人の発達の状況には大きな個人差があり、さらに個性や個別の好みがあります。保育者は、乳児の発達過程や興味・関心、個性を考慮して、安全に伸び伸びと体や手指を動かして遊べる場とものなどの環境を整えます。

　生活用品やおもちゃなどは拭く、洗う、消毒するなど、衛生管理に十分気を配ります。安全な素材、大きさ、形状、丈夫さなどを考慮し、点検・整備が必要です。口に入れることが多い時期なので、誤飲や窒息が起きないようにすること、さらに、スプーンやタオル、口に入れやすい歯固めなどのおもちゃは個別に用意し、ほかの乳児と共有しないなどの配慮も重要です。

 個別の生活リズムに応じた授乳・離乳・睡眠

　乳児の生活リズムは、家庭の状況や発達によって一人一人異なります。

　保育者は、発達過程や保護者の意向を考慮しながら、乳児の食に対する欲求を受け止め、落ち着いた環境の中で、安心して空腹を満たしていくようにします。一対一のゆったりとした授乳や、乳児のペースに合わせた離乳を進めます。保育者は「お腹すいたね」「おいしいね」「もぐもぐごっくん」「みかん、甘いね」など乳児の気持ちや食行動、食品の名称や味などを言葉にして伝えながら、乳児が楽しくおいしく食べられるように、ていねいなかかわりや語りかけを心がけます。

　また、一人一人異なる睡眠時間にも考慮し、安心して眠ることができる静かで安全な環境と、保育者が連携して睡眠中の観察ができるようにします。

 心地よい清潔の習慣（おむつ交換・衣服の着脱など）

　清潔に関する感覚と生活習慣は、日常生活の中でくり返し経験することによって身につきます。排泄物が出たこと、きれいにすること、快適感を言葉にして伝え、穏やかにていねいにおむつを交換します。食事の前後に手や顔を拭いてもらうこと、汗をかいたあとに体をきれいにしてもらうこと、衣服が汚れたら清潔なものに取り替えてもらうことなどの経験も、乳児の清潔に関する感覚を育んでいきます。乳児と保育者の触れ合いの時間でも

あるので、親しみのある保育者から受容的な温かい援助を受けることで、乳児は受容される経験を積み重ね、自己肯定感の基礎を育んでいきます。

受容される経験

乳児は家族や親しみのある保育者とアタッチメント（本書p.98参照）を形成し、受容的で応答的な温かいかかわりを心の拠り所として、情緒が安定していき、意欲をもってさまざまなものとかかわろうとします。

特定の保育者と密接にかかわる中で、欲求や気持ちを受け止めてもらううれしさや、かかわりの心地よさを感じながら、気持ちが通じ合う経験を積み重ねていきます。

乳児が保育者に助けを求めるときや、甘えたい気持ちが読み取れるとき、共感してほしいときには、その気持ちを「痛かったね」「だいじょうぶよ」「抱っこしたかったの」「できたね」などと言葉にして受け止め、やさしくていねいにかかわります。保育者の受容的・応答的なかかわりによって、乳児は情緒が安定して過ごすことができ、人から受け入れられるうれしさや心地よさを積み重ね、人への信頼感を深めていきます。

乳児とのかかわりのポイント

乳児へのかかわりの大切なポイントは愛情をもって応答的・受容的にかかわることです。しかし、言葉を発しない乳児とのかかわりについて「どうかかわったらよいか、何を話したらよいかわからない」などむずかしさを感じる人がいます。乳児が何かをじっと見つめていたり、さわったりなめたりして集中しているように見えるときには笑顔で温かく見守

ります。乳児が手を止めて近くにいる人の顔を見たときには「いいね」という気持ちで笑顔でアイコンタクトをしたり、「ガラガラ見つけたの」「ツルツルするね」「動いて楽しいね」など乳児がしていることを言葉にして語りかけてみましょう。

Column　人見知りへの対応

人見知りをする時期の乳児は、見知らぬ人に対して顔をそむけたり、表情をこわばらせたり、相手を見て泣いたりする姿を見せます。これはその人が嫌われているのではなく、知っている人と知らない人を見分ける発達段階の一つです。人見知りをされたら無理に近づかず、人見知りをしない乳児と楽しそうに遊んだり、乳児が信頼する保育者や保護者と笑顔で話してください。その姿を見て乳児は安心していきます。少しずつ、笑顔で目を合わせる、やさしく名前を呼んでみる、お気に入りのおもちゃを手渡すなど、時間をかけて接していきましょう。

4. 乳児（0歳児）の「保育の実施に関わる配慮事項」

　乳児期は心身の機能が未熟で、母体免疫も消失し、さまざまな疾病にかかりやすい時期です。日常の保育の中で、乳児の機嫌、顔色、皮膚の状態、体温、泣き、全身の状態などを複数の職員の目で観察するようにします。いつもと異なる様子が見られるときには、栄養士や看護師、園医（嘱託医）とも連携し、早期に適切な対応をすることが重要です。観察のポイントについては本書 p.111 を参考にしてください。

　また、乳児は自分の表情や声、泣きや動き、生理的欲求などにタイミングよく適切に応えてくれる特定の大人がいることで安心し、人に対する信頼感を獲得していきます。保育者には、乳児の成育歴などを把握し、一人一人の発達や個性を考慮して、乳児が自分から気持ちを表したり進んで動けるように、受容的・応答的にかかわることが求められます。

　乳児が過ごす保育室などについては、安全で衛生面に配慮した環境を整えることが重要です。乳児の健康増進が図られるように、乳児の健康状態や気温や天候などに留意しながら、外気浴や戸外での遊びも取り入れます。窒息や誤飲、転倒・転落など、この時期に注意すべき危険や事故を防ぐ対策・配慮をしましょう。

　乳児保育においては、保護者と信頼関係を築いて密接な連携をとることが必要です。朝夕の送迎時には気持ちのよい挨拶をしたり、乳児の様子をていねいに伝えるなどしながら、保護者の子育てを支えます。乳児の発育・発達の喜びをともに感じられるようにし、子どもとのかかわりを一緒に考えたり、保護者が子育てを楽しいと感じられることを目指します。

　乳児保育では、特定の保育者との信頼関係を重視することから、年度の途中や進級に伴い保育者が替わる際には、できるだけ子どもが不安にならないように職員が相互に連携・協力して対応します。移行についての配慮や工夫の詳細は本書 p.112 を参考にしてください。

5. 乳児（0歳児）の遊び

　乳児は身のまわりの環境を見たり、聞いたり、触れたり、なめたり、声を出したりなど、自分の体や声を感じながら身体感覚を育んでいきます。また、穏やかな人の声や心地よい音、美しい色や形、さわり心地のよいものに触れながら、五感を使ってまわりの環境を学んでいきます。

　さらに、乳児と保育者との間にアタッチメントが形成され情緒が安定すると、外の世界に興味・関心を広げていきます。乳児の身のまわりのものを用意するのは保育者です。保育者は、乳児に安全で発達に合ったおもちゃや絵本、生活用具を用意し、乳児が自分から興味や好奇心をもって、進んでかかわろうとする姿を見守ります。

0歳児の遊びとおもちゃ・遊具

見る・聞く・さわる

● 見たり聞いたりを楽しむ
・保育者に抱っこされ、モビールを見る
・オルゴールを聞く
・絵本を読んでもらう

● もったりさわったりを楽しむ
・ぬいぐるみをもつ
・ボールをもつ
・起き上がりこぼしやガラガラで遊ぶ
・ぶら下がりおもちゃで遊ぶ

● 口に入れて確かめたりして楽しむ
・歯固めを噛んだり、しゃぶったりする

＜おもちゃ・遊具＞
　モビール、オルゴール、絵本、ぬいぐるみ、ボール、起き上がりこぼし、ガラガラ、ぶら下がりおもちゃ、歯固め、クッションなど

モビール
起き上がりこぼし
ガラガラ
ぬいぐるみ・人形

配慮 おもちゃは単純な色と形、心地よい感触や手ざわりで、握りやすいものを用意する。安全には特に気をつける（素材、塗料、大きさ：誤飲に注意）。

体を使って遊ぶ

● 体を動かして楽しむ
・はいはいで動くことを楽しむ
・はいはいで転がるおもちゃやボールなどを追いかけて遊ぶ
・追いかけ遊びを楽しむ

● 探索行動を楽しむ
・壁面にあるおもちゃを探して遊んだりする

・箱の中のものを出す
・缶や箱の中に手を入れたり、入っているものを出す

＜おもちゃ・遊具＞
　転がるおもちゃ、車のおもちゃ、ボール、箱、壁面おもちゃなど

転がるおもちゃ

車のおもちゃ

ボール

壁面おもちゃ

配慮 はいはいができるようになったら、子どもが自由に遊べるスペースを確保し、床などに危険なものがないか十分に配慮する。

保育者とかかわって遊ぶ

● 保育者と触れ合いながら遊ぶ
・保育者と触れ合い遊び
・保育者におんぶされる
・保育者に抱っこされながらわらべ歌遊びをする

・「いないいないばあ」をして遊ぶ

● 保育者と外で遊ぶ（外気に触れる）
・保育者に抱っこやおんぶをしてもらい園庭で過ごす
・ベビーカーに乗って園庭で外気浴をする

配慮 子どもが安心できるよう保育者との触れ合い遊びは一対一のかかわりを大切にする。天気のよい日には、園庭などで外気浴をする。その日の気温や天候を確認し、衣服などを調整する。

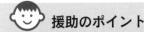 援助のポイント

▶ **乳児の生理的欲求には的確かつ迅速に対応する**

乳児の空腹やおむつの汚れ、眠い、暑い、寒いなどの生理的な欲求には、的確かつ迅速に対応しましょう。

▶ **穏やかにていねいなかかわりを心がける**

一人一人の乳児に愛情をもち、表情や泣き・動きを受け止め、穏やかにていねいにかかわっていきましょう。

▶ **乳児の発達段階や個性に合わせる**

一人一人の乳児の発達段階や個性に合わせて、無理なく生活できるようにしましょう。

▶ **安全で落ち着ける場とものを用意する**

乳児の興味・関心、好奇心・探求心を大切にして、安全で落ち着ける場とものを用意しましょう。

🏠 **家庭との連携のポイント**

● 一人一人の乳児が伸び伸びと安心して過ごすことができるよう、保育者は愛情をもってていねいにかかわることを保護者に伝えましょう。

● 家庭での授乳や離乳食、睡眠、排泄やおむつ交換等の様子を聞き、保護者の意向を確認しましょう。

● 園での生活と家庭での過ごし方をすり合わせ、園での過ごし方や保育者のかかわり方（援助の仕方）をていねいにわかりやすく保護者に伝え、衣服や持ち物などへの協力を求めていきましょう。

演習課題

● **調べてみよう！**

・0歳児が遊ぶ「見て楽しむおもちゃ」、「心地よい音を聴くことができるおもちゃ」にはどのようなものがあるか、園や子育て支援の場、販売店などで実物を見て調べてみましょう。

● **考えてみよう！**

・乳児が泣いて何かを訴えるさまざまな場面を想定して、「応答的で受容的」な保育者のかかわりや語りかけの言葉について、次の①〜③を学生同士で考えてみましょう。
①どのような場面か（乳児の様子）　②保育者の具体的なかかわり　③保育者の言葉

● **実践してみよう！**

・眠くなってぐずっている乳児にうたう子守歌を選び、歌詞・リズム・メロディーを覚えてうたえるようにしましょう。実習などで実践できる機会があればやさしくうたってみましょう。

第10回 1歳以上3歳未満児の保育内容

1. 1歳以上3歳未満児の「基本的事項」

　1歳を過ぎると歩行がはじまり、基本的な運動機能や指先の動き、排泄の自立に必要な身体的機能が次第に発達し、自分でしようとすることが増えていきます。言葉の理解も進み、「伝えたい」という欲求が高まり、徐々に語彙数が増え、意思や要求を伝えられるようになっていきます。他児と同じものに興味を示したり、かかわって遊ぶ姿が見られるようになりますが、お互いの思いがぶつかり合うことも多い時期です。保育者には、一人一人の子どもの意欲や思いを受け止めながら、愛情をもっていねいに対応することが求められます。また、発達を考慮した子どもが興味や関心をもって意欲的に活動できる環境（ゆったりと過ごせる生活の場、伸び伸びと体を動かすことができる安全な場と遊び、落ち着いて手指を使って遊べる場とものなど）を整えることが重要です。

2. 1歳以上3歳未満児の「ねらい及び内容」

　保育指針および教育・保育要領では1・2歳児の保育のねらいと内容は5つの領域で示されています。これは0歳児で示された「身体的発達」「社会的発達」「精神的発達」の3つの視点と関連していて、さらに3歳以上児の5領域へとつながっていくものです。ここでは1歳以上3歳未満児の5領域のねらいと内容を確認しておきましょう。

　※「保育指針」と「教育・保育要領」はおおよそ同じ内容であるため、ここでは「保育指針」を掲載している。下線部は「保育指針」、（　）内は「教育・保育要領」の用語を示している。

「ねらい及び内容」

健 康

　健康な心と体を育て、自ら健康で安全な生活をつくり出す力を養う。
（ねらい）
①明るく伸び伸びと生活し、自分から体を動かすことを楽しむ。
②自分の体を十分に動かし、様々な動きをしようとする。
③健康、安全な生活に必要な習慣に気付き、自分でしてみようとする気持ちが育つ。

（内 容）

①保育士（保育教諭）等の愛情豊かな受容の下で、安定感を
　もって生活をする。

②食事や午睡、遊びと休息など、保育所（幼保連携型認定こ
　ども園）における生活のリズムが形成される。

③走る、跳ぶ、登る、押す、引っ張るなど全身を使う遊びを
　楽しむ。

④様々な食品や調理形態に慣れ、ゆったりとした雰囲気の中
　で食事や間食を楽しむ。

⑤身の回りを清潔に保つ心地よさを感じ、その習慣が少しずつ身に付く。

⑥保育士（保育教諭）等の助けを借りながら、衣類の着脱を自分でしようとする。

⑦便器での排泄に慣れ、自分で排泄ができるようになる。

人間関係

　他の人々と親しみ、支え合って生活するために、自立心を育て、
人と関わる力を養う。

（ねらい）

①保育所（幼保連携型認定こども園）での生活を楽しみ、身近
　な人と関わる心地よさを感じる。

②周囲の子ども（園児）等への興味や関心が高まり、関わりを
　もとうとする。

③保育所（幼保連携型認定こども園）の生活の仕方に慣れ、き
　まりの大切さに気付く。

（内 容）

①保育士（保育教諭）等や周囲の子ども（園児）等との安定し
　た関係の中で、共に過ごす心地よさを感じる。

②保育士（保育教諭）等の受容的・応答的な関わりの中で、欲
　求を適切に満たし、安定感をもって過ごす。

③身の回りに様々な人がいることに気付き、徐々に他の子ども（園児）と関わりをもって遊ぶ。

④保育士（保育教諭）等の仲立ちにより、他の子ども（園児）との関わり方を少しずつ身につ
　ける。

⑤保育所（幼保連携型認定こども園）の生活の仕方に慣れ、きまりがあることや、その大切さ
　に気付く。

⑥生活や遊びの中で、年長児や保育士（保育教諭）等の真似をしたり、ごっこ遊びを楽しんだ
　りする。

🍀 環 境

　周囲の様々な環境に好奇心や探究心をもって関わり、それらを生活に取り入れていこうとする
力を養う。

（ねらい）

①身近な環境に親しみ、触れ合う中で、
　様々なものに興味や関心をもつ。

②様々なものに関わる中で、発見を楽しん
　だり、考えたりしようとする。

③見る、聞く、触るなどの経験を通して、
　感覚の働きを豊かにする。

（内 容）

①安全で活動しやすい環境での探索活動等を通して、見る、聞く、触れる、嗅ぐ、味わうなどの感覚の働きを豊かにする。

②玩具、絵本、遊具などに興味をもち、それらを使った遊びを楽しむ。

③身の回りの物に触れる中で、形、色、大きさ、量などの物の性質や仕組みに気付く。

④自分の物と人の物の区別や、場所的感覚など、環境を捉える感覚が育つ。

⑤身近な生き物に気付き、親しみをもつ。

⑥近隣の生活や季節の行事などに興味や関心をもつ。

言葉

経験したことや考えたことなどを自分なりの言葉で表現し、相手の話す言葉を聞こうとする意欲や態度を育て、言葉に対する感覚や言葉で表現する力を養う。

（ねらい）

①言葉遊びや言葉で表現する楽しさを感じる。

②人の言葉や話などを聞き、自分でも思ったことを伝えようとする。

③絵本や物語等に親しむとともに、言葉のやり取りを通じて身近な人と気持ちを通わせる。

（内 容）

①保育士（保育教諭）等の応答的な関わりや話しか（掛）けにより、自ら言葉を使おうとする。

②生活に必要な簡単な言葉に気付き、聞き分ける。

③親しみをもって日常の挨拶に応じる。

④絵本や紙芝居を楽しみ、簡単な言葉を繰り返したり、模倣をしたりして遊ぶ。

⑤保育士（保育教諭）等とごっこ遊びをする中で、言葉のやり取りを楽しむ。

⑥保育士（保育教諭）等を仲立ちとして、生活や遊びの中で友達との言葉のやり取りを楽しむ。

⑦保育士（保育教諭）等や友達の言葉や話に興味や関心をもって、聞いたり、話したりする。

表現

感じたことや考えたことを自分なりに表現することを通して、豊かな感性や表現する力を養い、創造性を豊かにする。

（ねらい）

①身体の諸感覚の経験を豊かにし、様々な感覚を味わう。

②感じたことや考えたことなどを自分なりに表現しようとする。

③生活や遊びの様々な体験を通して、イメージや感性が豊かになる。

（内 容）

①水、砂、土、紙、粘土など様々な素材に触れて楽しむ。

②音楽、リズムやそれに合わせた体の動きを楽しむ。

③生活の中で様々な音、形、色、手触り、動き、味、香りなどに気付いたり、感じたりして楽しむ。

④歌を歌ったり、簡単な手遊びや全身を使う遊びを楽しんだりする。

⑤保育士（保育教諭）等からの話や、生活や遊びの中での出来事を通して、イメージを豊かにする。

⑥生活や遊びの中で、興味のあることや経験したことなどを自分なりに表現する。

3．1歳以上3歳未満児の「内容の取扱い」

 健康な心と体を育む

　体を思うように動かせるようになるので、自分から体を動かそうとする意欲が育まれるように、多様な動きが楽しめる安全な環境を用意し、一緒に遊んだり、危険がないように見守ります。基本的な生活習慣（食事、排泄、睡眠、着脱、清潔）に関することにも意欲的に取り組むようになりますが、一人一人の発達や意欲の芽生えの時期は異なります。「できる」ことを重視するのではなく、発達に応じた無理のないかかわりを心がけ、子どもの思いや意欲に寄り添う言葉をかけたり、根気よく見守るなど、自分でできる喜びを感じられるようなさりげない援助をしましょう。特に食事については、食べる喜びや楽しさが感じられるように、ゆったりとした楽しい雰囲気を大切にします。食物アレルギーなどへの配慮については、保護者と連携し、かかりつけ医の指示や看護師などの協力を得て、適切に対応することが重要です。

 自己の育ちと他者とのかかわりを支える

　保育者との信頼関係に支えられ、行動範囲を広げ、さまざまなことに自分から挑戦する姿が見られるようになります。「自分でしたい」気持ちを保育者に受け止められると、できないことがあっても次も挑戦しようとする気持ちがもて、そのくり返しの中でできた喜びを感じて自信をもつことができます。また、他者の存在に気づき、他児がもっているものやしていることに関心をもちます。保育者は同じものを複数用意したり、他者と一緒にいることや遊ぶことの心地よさや楽しさを感じられるようにかかわります。ときには同じ

ものがほしくなって手を出したり、お互いの思いがぶつかり合うなど、思い通りにならない経験もしますが、子どもの気持ちを受け止めながら気持ちが落ち着くようにかかわります。無理せず自分の気持ちを伝えたり、相手にも気持ちがあることに気づけるようにして、人とのかかわり方をていねいに伝えていきましょう。

 身近な環境への親しみを支える

　行動範囲が広がり、人やものへの興味や関心が広がります。子どもの発達に応じて、伸び伸びと体を動かして遊べるような安全に配慮した遊具や、音・形・色・大きさ・適度

第10回

109

な重さなどを考慮したおもちゃや、身近な自然物やさまざまな素材などを用意し、感触を楽しみながら遊びを選べるように工夫します。身近な生き物とのかかわりの機会も大切にし、命やその大切さに気づけるような働きかけもしていきましょう。また、子どもの発達に応じて地域の人と触れ合い、家庭や園ではなかなか見ることができないもの（たとえば、栽培している野菜や飼育している動物など）を見せてもらう、散歩の途中で挨拶をするなどの機会を大切にします。わらべ歌や季節の遊びを取り入れたり、行事食を食べたり、3歳以上児の子どもたちの活動を見るなど、無理なく楽しく行事に親しみをもてるようにすることも大切です。

 ## 発達に応じた言葉のやりとり

　言葉の発達には大きな個人差がありますが、次第に言葉が話せるようになり、身近なものの名称やしたいこと・してほしいことが伝えられるようになっていきます。しかし、まだ、自分の気持ちやその場の状況などを言葉にすることはむずかしく、伝えたいことがあるのにうまく話せない、理解してもらえないなどがあると、「イヤ」「ダメ」と拒否したり、大泣きすることがあります。保育者は一人一人の子どもの声や思いにていねいに応答し、楽しい雰囲気の中で聞くことや話すことの楽しさが感じられるようにかかわります。また、子どもの経験や気持ちを言語化して、子ども同士の仲立ちをすることも大切です。

　象徴機能（本書 p.26 参照）の発達に伴い、イメージする力が育ち、語彙数も増え、言葉を交わすごっこ遊びを楽しむようになります。発達に合った遊び、絵本や紙芝居、ごっこ遊びが楽しくなるような場の環境、おもちゃや素材などを用意しましょう。

 ## 子どもの思いや表現を受け止める

　子どもは生活や遊びの中で、表情や動作、身振りや言葉、絵を描く、ものをつくる、歌をうたう、おどるなどして、自分の思いや気持ちを表現します。子どもの多様な表現を保育者がしっかりと受け止め、温かく見守ったり、適切に援助をすることが大切です。それにより子どもは安心感を得て自信をもち、さらに意欲的に表現するようになります。たとえば多少困難なことがあっても、試行錯誤しながら自分の力でやりとげようとします。また、保育者が豊かな表現をすることによって、子どもの感性と表現力も豊かになっていきます。日常の保育の中で、

季節感が感じられるような草花や樹木、園内外の虫や動物、水や土などの自然物、気象現象を見たり触れたり感じたりする機会や感覚を働かせて楽しめる遊びなどを用意し、子どもの心が動くような発見や経験ができるような環境を整えるようにしましょう。

4. 1歳以上3歳未満児の「保育の実施に関わる配慮事項」

　子どもの健全な心身の発達を支えるために、保育者は日常の保育の中で、子どもの心身の状態に気を配り、体調の変化や感染症の早期発見に対する配慮をしなければなりません。以下、子どもの健康状態を観察するポイントを確認しておきましょう。

子どもの健康状態を観察するポイント

＜目＞
・目やに
・目が赤い
・まぶたが腫れぼったい
・まぶしがる

＜鼻＞
・鼻水が出る
・鼻づまりがある
・小鼻がピクピクしている（鼻翼呼吸）

＜口＞
・口唇の色が悪い（チアノーゼ：本書 p.91 参照）
・口の中が痛い
・舌がいちごのように赤い

＜顔色・表情＞
・顔色がいつと違う
・表情がぼんやりしている
・視線が合わない
・目つきがおかしい
・無表情である

＜のど＞
・痛がる
・赤くなっている
・声がかれている
・咳が出る

＜耳＞
・痛がる
・耳だれがある
・耳をさわる

＜食欲＞
・普段より食欲がない

＜胸＞
・呼吸が苦しそう
・ぜーぜーする
・胸がへこむ

＜睡眠＞
・泣いて目が覚める
・目覚めが悪く機嫌が悪い

＜皮膚＞
・赤く腫れている
・湿しんがある
・カサカサしている
・水疱、化膿、出血している
・紫斑がある
・肌色が蒼白である
・虫刺されで赤く腫れている
・打撲のあざがある
・傷がある

＜お腹＞
・張っていてさわると痛がる
・股のつけ根が腫れている

＜尿＞
・回数、量、色の濃さ、においがいつもと違う
・血尿がある

＜便＞
・回数、量、色の濃さ、においがいつもと違う
・下痢、便秘
・血便が出る
・白色便が出る

出典：厚生労働省「保育所における感染症ガイドライン（2018年改訂版）」別添資料3、2018

　また、保育者には事故の防止に努めながら子どもが安全に伸び伸びと十分に体を動かして遊べるような環境を整え、全身を使う遊びができるようにすることも求められます。さらに、子どもが情緒を安定させて自分から進んで活動できるように、保育者が愛情をもって応答的・受容的にかかわることが重要です。

　何らかの理由で年度の途中で担任保育者が替わる場合や、「移行」（発育・発達に伴いグループが替わる、年度が替わり新しいクラスに進級するなど）の際には、子どもの情緒の安定に十分配慮し、焦らず少しずつ新しい保育者や環境に慣れるようにします。

　幼児クラスへの進級に際しては、子どもに無理がない程度に日々の流れを変える、新しい保育室で遊んだり、食事や排泄をするなど場に慣れる機会を設ける、次の担当保育者と遊ぶ、慣れ親しんだおもちゃなどをいくつかもって移動する、などの工夫をします。

担任保育者の変更や移行の際の具体的な配慮・工夫

・移行にはゆとりのある期間を設ける
・生活の流れや時間を無理のない程度に徐々に変えていく
・子どもの発育・発達の状態、個性や好み、配慮事項、対応の仕方、成育歴、発達過程、それまでの経験などを職員間で共有する
・新しい担任保育者と遊ぶ機会を設ける
・前任の保育者の子どもへのかかわり方などを把握する
・新しい保育室で遊んだり、食事や排泄の場に慣れる機会を設ける
・慣れ親しんだ絵本やおもちゃなどをもって移動する　など

　保護者が安心して保育者の変更や移行が受け入れられるように、日ごろから園全体が保護者とのコミュニケーションを大切にして、信頼関係を築いておくことが大切です。

🦋Column🦋　3歳未満児と園行事

　日本には四季折々に多くの行事や記念日があります。保育の場の行事には、お正月や節分、七夕など日本の伝統を伝えるもの、入園式や卒園式など園生活の節目に行うもの、遠足や夏祭りなど通常の保育では体験できない活動を行事としているもの、運動会や生活発表会など日ごろの保育の積み重ねを披露するもの、誕生会など子どもの成長を祝うものなどがあり、その他、地域に密接した行事や園独自の行事を行っているところもあります。

　行事は、子どもの生活が楽しく豊かになることを目的として行われるもので、子どもが楽しみにしながら主体的に参加し、日常の保育の中で無理なく行われることが大切です。

　3歳未満児は、3歳以上児が行事に取り組む姿を見たり、行事に関する内容を日常の遊びの中に取り入れるなど、楽しむことを基本とすることが大切です。無理なく楽しくできることがあれば参加するなど、行事の内容や参加の仕方について熟考することが求められます。

 援助のポイント

▶ **子どもの意欲を尊重してかかわる**
　一人一人の子どもの情緒の安定を図りながら「自分でしたい」という気持ちがもてるようにし、保育者がゆとりをもち、子どもの意欲を大切にしてかかわりましょう。

▶ **安全で楽しい遊びの環境を整える**
　動きが活発になるので事故の防止に努めながら、探索活動や伸び伸びと体を動かして遊べる場を設定するとともに、全身を使った楽しい遊びや安全な遊具などを整えましょう。

▶ **子どもの健康状態を確認し、異常があるときには迅速に対応する**
　日常的に子どもの健康状態を確認し、異常があれば看護師や園医（嘱託医）などに相談し、保護者に連絡するなど、迅速に対応できるようにしておきましょう。

▶ **職員間の共通理解と連携、保護者との連携をとる**
　担当保育者が替わる際や進級などの移行の際には、発達や個性などを担当保育者や職員間で共通理解し、子どもの情緒の安定を大切にしてかかわりましょう。

🏠 家庭との連携のポイント

● 身のまわりの生活習慣の援助については、家庭での生活経験や保護者の意向を確認し、子どもにとって望ましい方法を保護者と一緒に考えながら進めましょう。

● 自我が芽生え自己主張が強くなる時期であることを保護者に知らせ、子どもとのかかわりが楽しいものとなるように、園での遊びやかかわり・配慮などを伝えていきましょう。

● 進級などの移行の際には、保護者が不安にならないように変更する事項などをていねいに説明し、連携・協力を求めていきましょう。

演習課題 Q

● **調べてみよう！**
・1歳児・2歳児が見たり、聞いたり、触ったりしてかかわって楽しめるものや遊びにはどのようなものがあるか、調べてみましょう。

● **考えてみよう！**
・5領域の内容が相互に関連している1歳児・2歳児の楽しい遊びを考えてみましょう。

・右の写真は自分で靴を履こうとしている1歳児です。ほかの子ども待っていますが、なかなかうまく履けません。あなたが保育者だったら、という視点で具体的な援助（語りかけも含む）を考えてみましょう。

● **実践してみよう！**
・1歳児・2歳児が無理なく参加できる行事についてグループで話し合い、計画を立てる、必要なものをつくる、模擬保育するなど、実践してみましょう。

第11回 1歳以上3歳未満児の遊び

1.1歳児の遊び

体を動かす遊びと手指を使う遊び

　歩行が安定し、上る・下りる・転がる・またぐなど、体を動かす遊びが楽しい時期です。転倒や転落などが起きやすい時期でもあるので、安全面には十分に配慮しながら、体を動かして遊ぶ機会や場を設定します。この時期は他児の動きに合わせて動くことはむずかしいので、自分のペースで自由に歩くこと、動くことを大切にします。

　手指の発達が進み、少しずつさまざまな動きが見られるようになります。子どもが触れてみたい、やってみたいと思えるようなものを用意し、落ち着いてじっくり遊べる場を設けます。子どもが集中して遊んでいるときには言葉をかけずに見守りましょう。保育者に見てほしい・認めてほしい気持ちや、手伝いを必要とする状況が読み取れるときには、その気持ちを受け止めてかかわります。

見立て遊び・つもり遊び

　器にお手玉を入れて手でかき混ぜたり、何も入っていないカップに口をつけて飲むまねをするなど、何かに見立てる遊び、つもりの遊びが見られるようになります。見立てやすいものを十分な数用意し、子どもが何をしているのかを読み取ってかかわります。保育者が読む絵本のセリフをまねたり、登場人物のつもりになって遊ぶこともあります。子どもの見立てやつもりを大切にして場やものを用意し、子どもの様子に応じて保育者も一緒に楽しそうに遊ぶなどして、遊びが展開するようにしましょう。

保育者とのかかわりを大切にした遊び

　子どもは保育者に温かく受け入れてもらうことで安心し、保育者との楽しい触れ合いやかかわりの経験を糧にして、自分がしてもらったことを他児や人形を相手にするようになります。保育者は、排泄や衣類の着脱などの機会だけでなく、一人一人の子どもとの楽しい触れ合いの時間がもてるようにします。子どもは楽しかったこと、興味をもったことをくり返します。保育者に「もう一回」と何度も同じことを要求したり、同じ絵本を読んでほしがったりするときには、他の遊びに誘ったりせず、同じ遊びが楽しめるようにしましょう。

1歳児の遊びとおもちゃ・遊具

体を使って遊ぶ

● **歩いたり登ったりして遊ぶ**
・歩く（平面・斜面・細いものの上、弾力性のあるものの上など）
　段差や斜面を上る、下りる
・よじ登る、もぐる、くぐる
・またぐ、またがる
・隠れる、はう

● **箱や大きい布、ボールなどで遊ぶ**
・箱やおもちゃなどを押す、引く
・箱やおもちゃなど、引っ張りながら歩く、押しながら歩く
・大きい布をくぐる、もぐる、隠れるなど
・大箱の中をくぐる、もぐる、隠れるなど
・ボールを受け取る、転がす、投げる、追いかける、ける
＜おもちゃ・遊具＞
　箱、ボール、巧技台、ジャンボクッション、大きい布、大箱、マット、ウレタン大型積み木など

箱

ボール

巧技台

ジャンボクッション

● **音楽に合わせて体を動かして遊ぶ**
・リズムに合わせて動く
・音楽に合わせておどる
配慮 子ども一人一人のペースに合わせて遊べるような場などの環境を用意する

他者とかかわって遊ぶ
・保育者と追いかけ遊び
・保育者と触れ合い遊び
配慮 子どもとの楽しい触れ合いを大切にする

手指を使って遊ぶ

● **出し入れや開閉などして遊ぶ**
・出す・入れる、開ける・閉める
・並べる、重ねる、積む、はめる
・引っ張る、ねじる、ねじり開ける
＜おもちゃ・遊具＞
　空き缶、大きい積み木、穴落とし、お手玉、型はめ、棒通し、ひも通し、コップ重ねなど

大きい積み木

空き缶

穴落とし　　　　お手玉

● **粘土やシールなどで遊ぶ**
・粘土をたたく、つつく、ちぎる、丸める、伸ばす
・シールを貼る、はがす
・紙をめくる、ちぎる、丸める
＜おもちゃ・遊具＞
　小麦粉粘土、寒天粘土、シールなど
配慮 落ち着いてじっくりと遊べる環境を用意する

人形遊び
・抱く、寝かせる、おんぶする
＜おもちゃ・遊具＞
　布製人形、動物のぬいぐるみ、おんぶひも、哺乳瓶、人形用布団など

布製人形　　　　おんぶひも

哺乳瓶　　　　人形用布団

配慮 おもちゃは十分な数を用意する

園庭で遊ぶ
・歩いたり、探索したりする
・草花に触れる
・虫を見る
・砂や土、泥で遊ぶ（砂などの型抜きや移動する遊びなど）
＜おもちゃ・遊具＞
　シャベル、ざる、型、バケツ、じょうろ、カップ、小さなスコップ、くま手など

シャベル

ざる

型

バケツ

じょうろ

配慮 砂場などに危険物や動物の糞尿などがないか、安全面・衛生面に十分気をつける

歌や絵本などを楽しむ
・わらべ歌などをうたう
＜わらべ歌＞
　♪うまはとしとし
　♪えんやらもものき
　♪上から下から　など
・動物、食べ物、乗り物など興味のある身近なものの絵本などを見る
・簡単なストーリーのある絵本を楽しむ
・写真や絵カードを見る
・ものの名前をいう
・同じものを集める
＜絵本＞
　『いないいないばあ』（童心社、1967）、『しろくまちゃんのほっとけーき』（こぐま社、1972）、『もこもこ』（文研出版、1977）、『くだもの』（福音館書店、1981）、『ぶーぶーじどうしゃ』（福音館書店、1998）など

配慮 同じ絵本や遊びをくり返し求める場合もほかの遊びに誘ったりせず、満足できるようにかかわる

見立て遊び・つもり遊び

・車や電車を走らせる
・ままごとをする
＜おもちゃ・遊具＞
　車、電車、乗り物玩具、ままごとセット、皿、カップ（大中小）、毛糸、バッグ、布（大中小）、バンダナ、風呂敷など

配慮 じっくり遊べるような場と十分な数を用意する

ままごとセット　　車　　乗り物玩具　　皿　　カップ

季節の遊び	○**春の遊び**：春の草花遊びや虫を見るなどして楽しむ（入園や進級直後は、室内外のさまざまな遊びを落ち着いて楽しむことを優先する）
	○**夏の遊び**：水遊びを楽しむ（一人ずつ入れるベビーバスやたらい、ペットボトルや牛乳パックのシャワー、バケツ、じょうろ、カップなどを用意する）　※外遊びの際は、日よけで直射日光をさえぎる
	○**秋の遊び**：秋の自然物（どんぐり、まつぼっくりなどの木の実拾い、落ち葉集め、落ち葉踏み、落ち葉や木の実を使った砂遊びなど）を使った遊びを楽しむ
	○**冬の遊び**：雪や氷にさわったり、霜踏みなどをして楽しむ

 **噛みつき**

　遊びの中で他児に噛みついてしまう「噛みつき」が起こることがあります。噛みつきの原因は特定できませんが、自分がしたいことを妨げられた、思いがうまく伝わらないなど、言葉で伝えたいのに言葉がうまく出てこないときに起こりやすいといわれています。噛みつきは発達の過程の中で誰にでも起きうることを、年度当初のクラスだよりや懇談会などの機会を活用して、保護者にていねいに伝えておきましょう。また、おもちゃの数が足りない、遊びの場が狭く子ども同士が密着しているときに起こりやすくなります。子どもが興味をもつおもちゃや絵本は複数用意し、遊びの場を分ける、保育者が穏やかにかかわるなど、ゆとりのある遊び環境を設定します。

2. 2歳児の遊び

一人でじっくり取り組む遊び

　1歳児で経験してきた体を使った遊びや、手指を使った遊びの経験をもとに、複雑な動きや細かいものを扱うことができるようになります。自分でできるという自信がつき、「自分で」という気持ちも強くなってきます。虫を見つけてじっと観察したり、これまでより複雑な形の型はめやパズルに挑戦するなど、一人でじっくり何かに取り組む姿も見られるようになります。

　「なに？」「なんで？」「どうして？」と質問することも増え、保育者には子どもの疑問にていねいに向き合うことが求められます。また、子どもの興味・関心を把握し、自然にかかわる機会やおもちゃや素材などを用意しましょう。子どもの好奇心や探求心の芽生えを大切にした見守りや、じっくり取り組める環境を用意しましょう。

 保育者を仲立ちとして他児とのかかわりを楽しむ遊び

子ども同士がかかわる姿が見られるようになりますが、保育者に絵本や紙芝居を読んでもらったり、一対一のかかわりや一緒に遊ぶことも喜びます。わらべ歌遊びなどで一人一人と向き合って楽しくかかわる機会も大切にしましょう。

他児がしていることに関心を示し、同じものをほしがったり、同じことをしようとしたりします。他児への関心が高くなり、短時間であれば楽しくかかわって遊ぶこともできるようになります。しかし、自分の思いをうまく伝えられず、かつ他児の思いを受け止めることもまだむずかしいので、気持ちのすれ違いやぶつかり合いが起きることもあります。保育者は子どもが興味をもった遊びが同じであれば一緒に遊べるようにしたり、保育者自身が遊びに参加して遊びの仲立ちをします。

この時期はクラス全員で何かをするというよりは、はじめは2～3人程度の子どもが一緒に遊べるような遊びや場を設けます。他児と意見が一致したときのうれしさや、一緒に遊ぶことの楽しさ、一つのことに取り組んだ喜びなどを言葉で伝えるようにしましょう。次第に遊ぶ仲間を求めるようになり、一緒に遊ぶようになっていきます。

2歳児の遊びとおもちゃ・遊具

体を使って遊ぶ

● **歩いたり登ったりして遊ぶ**
・よじ登る、もぐる、隠れる
・段差や斜面を歩く、走る

● **箱や大きい布、ボールなどで遊ぶ**
・大箱を押す、入る、出る
・段ボールの中に入り、キャタピラーのようにして遊ぶ
・大きい布をくぐる、もぐる、隠れる
・ボールを箱から出す、入れる
・ボールを投げる、転がす、受け取る、追いかける、ける
・マットやクッションで遊ぶ
<おもちゃ・遊具>
　箱、段ボール、大きい布、ボール、マット、クッションなど

● **追いかけ遊び**
・保育者と少人数の集団で追いかけっこやかくれんぼなどの遊びを楽しむ
<遊びの例>
　・追いかけっこ　・怪獣ごっこ
　・がらがらどんごっこ
　・おばけごっこ　・かくれんぼ

● **音楽に合わせて体を動かして遊ぶ**
・リズムに合わせて動く
・音楽に合わせておどる
　♪むっくりくまさん
　♪もぐらどんの

配慮 十分に体を動かせる場を用意する

手指を使って遊ぶ

● **出し入れや積んだり並べたりなどして遊ぶ**
・出す、入れる、並べる、重ねる、積む、はめる、外す
・引っ張る、ねじる

● **粘土やおもちゃなどで遊ぶ**
・粘土を丸める、伸ばす、形づくる
・シールを貼る、はがす
・紙をちぎる、切る（ハサミの1回切りができる）
・積み木やブロック、パズルで遊ぶ
<おもちゃ・遊具>
　粘土、シール、ちぎり紙、積み木、ブロック、パズル、型はめ、ひも通し、ボタンはめ、玉転がしなど

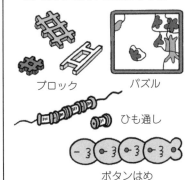

ブロック　　　パズル

ひも通し

ボタンはめ

配慮 おもちゃは十分な数を用意する

園庭で遊ぶ

・走る、追いかける、逃げる
・縄やフープなどを跳ぶ、くぐる、またぐ
・園庭の固定遊具で遊ぶ
・砂や土、泥で遊ぶ（砂や泥で型抜きなど）
<おもちゃ・遊具>
　縄、フープ、カップ、型、スコップ、くま手、じょうろ、バケツなど

縄　　　　　フープ

・園庭や近隣で草花摘み（春であれば、つくしやたんぽぽ、シロツメクサなど）を楽しむ

配慮 園外での遊びは安全に楽しめるように環境を整える

お絵描き

・クレヨンやマーカーなどで絵を描いて遊ぶ

配慮 用紙やクレヨン、マーカーは十分な数を用意する

	見立て遊び・つもり遊び	歌や絵本などを楽しむ
	・ままごとやおでかけごっこをする ・お店屋さんごっこやお買い物ごっこをする 　**＜おもちゃ・遊具＞** 　器、皿、カップ、スプーン、れんげ、鍋、フライパン、お手玉、色板、チェーン、毛糸、野菜や果物、バッグ、帽子、風呂敷、バンダナ、ハンカチ、スカートなど ・お世話遊びをする 　**＜おもちゃ・遊具＞** 　布製人形、人形用布団、ベッド、おんぶひも、哺乳瓶、おむつ、パンツ、洋服など 配慮 じっくり遊べるような場と十分な数を用意する	・わらべ歌や簡単な手遊びを楽しむ 　**＜わらべ歌・手遊び＞** 　♪だるまさん　　　♪げんこつやまのたぬきさん 　♪かれっこやいて　♪いとまきのうた ・くり返しのある簡単なストーリーの絵本を楽しむ 　**＜絵本＞** 　『ぞうくんのさんぽ』（福音館書店、1977）、『おおきなかぶ』（福音館書店、1966）、『はけたよはけたよ』（偕成社、1970）、『ねずみくんのチョッキ』（ポプラ社、1974）、『わたしのワンピース』（こぐま社、1969）、『三びきのやぎのがらがらどん』（福音館書店、1965）など ・身近なものや季節に関する写真や絵カードを楽しむ ・写真や絵カードを見て、ものの名前をいったり、同じものを集めたりする 配慮 子どもが思い通りにつくったり動かしたりできるものを用意する。
季節の遊び	○春の遊び：春の草花遊びや虫を見る、さわるなどして楽しむ（入園や進級直後は、室内外のさまざまな遊びを落ち着いて楽しむことを優先する）	
	○夏の遊び：水遊びを楽しむ（一人ずつ入れるベビーバスやたらい、ビニールプール、ペットボトルや牛乳パックのシャワー、バケツ、じょうろ、カップなどを用意する）、フィンガーペインティングや泥んこ遊び、土粘土で遊ぶ　※外遊びの際は、日よけで直射日光をさえぎる	
	○秋の遊び：秋の自然物（どんぐり、まつぼっくりなどの木の実拾い、落ち葉集め、落ち葉踏み、落ち葉や木の実を使った砂遊び、自然物を使ったごちそうづくりなど）を使った遊びを楽しむ、虫を見つけたり、捕まえたりする	
	○冬の遊び：雪や氷にさわったり、霜踏みなどをして楽しむ	

🦋 Column 🦋　子ども同士のぶつかり合い

　自我が発達すると、「自分で」「ぼくの」「わたしの」という主張が強くなり、子ども同士のぶつかり合いが見られるようになります。保育者は状況を見てかかわりますが、たたく・噛みつく・けるなどが見られるときにはすぐに止めます。「痛かったね」「これが使いたかったのかな」などと子どもの気持ちを読み取り、言葉にして伝えます。状況がわからないときには「○○くんは何がしたかった（ほしかった）のかな」など子どもの訴えを聞き、決めつけないかかわりをしましょう。

　自分の気持ちをコントロールすることはまだむずかしいので、お互いが納得できるようにすることはむずかしい時期です。よくなかったことはていねいにわかりやすく伝え、気持ちを切り替えられるようにかかわることも大切です。

　ぶつかり合いは事前に止めるのではなく、場合によっては静観することも必要です。思いがけず他児が間に入ってぶつかり合いにならなかったり、子ども同士がうまくかかわれることもあります。

　援助のポイント

▶ 子どもの「やってみたい」気持ちを大切にする

　無理に遊びに誘うのではなく、子どもの「やってみたい」「自分で」という気持ちを尊重してかかわりましょう。

▶ **子どもの「もう一回」に根気よく応じる**

子どもは楽しかったことを何度もくり返し、保育者にも同じことを要求します。その際は、ほかの遊びに誘ったりせず、子どもの「もう一回」に根気よく応じ、満足できるようにかかわりましょう。

▶ **友達と同じ遊びが楽しめるように、おもちゃなどは十分な数を用意する**

友達と同じ遊びを楽しんだり、ごっこ遊びなど友達とかかわりながら遊ぶことが多くなるため、おもちゃなどは十分な数を用意しましょう。

▶ **一人一人に語りかけ納得できるようにかかわる**

大きな声で全体に呼びかけずに、個々の子どもの近くに行き、語りかけるようにかかわりましょう。遊びなどが変わるときや場所を移動するとき、片づけの前などには、子どもが見通しをもてるように少し前に一人一人に伝えるようにしましょう。

🏠 家庭との連携のポイント

● 子どもの遊びの様子や関心のあるおもちゃや遊具などを、クラスの掲示板やクラスだよりなどを活用して、保護者にわかりやすく伝えます。

● 親子で遊べる楽しい遊びなども紹介し、親子が一緒に遊ぶ機会がもてるようにします。

● 遊びの中で子ども同士のぶつかり合いや噛みつきが起こることがあること、噛みつきは、言葉でうまく伝えられないときの表現であり乱暴やいじわるではないこと、発達過程の中で誰にでも起こりうることなどを、年度当初などに保護者に説明しておきます。

演習課題 Q

● **調べてみよう！**

・1歳児または2歳児と一緒に遊ぶ「手遊び」や「わらべ歌」にはどのようなものがあるか調べましょう。

・1歳児を対象とした絵本、2歳児を対象にした紙芝居にはどのようなものがよいか、それぞれの発達や興味・関心を考え、保育所や認定こども園、子育て支援施設、図書館、書店などで実際に内容を確認して調べてみましょう。

● **考えてみよう！**

・季節や発達を考慮し、1歳児または2歳児にふさわしい楽しい遊びを考えてみましょう。

● **実践してみよう！**

・「調べてみよう！」で調べたものを子どもの前で実践できるようにしておきましょう。

・「考えてみよう！」で考えた遊びについて、子どもと遊ぶことを想定して仲間と発表し合い、実際に遊んでみましょう。

乳児保育における 計画と評価

　保育の計画は、保育者が「〜ような経験をしてほしい」「〜ように育ってほしい」といったビジョンを実現するために、どのような生活や遊びをすることが望ましいのかを具体的に映し出していくものです。日々の保育において、どのような子どもの経験や育ちにつながったのかを振り返り、次の保育へとつなげていきます。同時に、計画（Plan）⇒実践（Do）⇒評価（Check）⇒改善（Action）・再計画⇒計画……と PDCA サイクルを往還させ、保育をていねいに積み重ねていくことが大切です。ここでは、乳児保育における保育の計画と評価を実際の計画から学んでいきましょう。

1. 乳児保育における全体的な計画から各指導計画へ

　全体的な計画とは、保育の目標を達成するために、各園の教育・保育の方針や目標に基づき、在園児が入園してから就学するまで、または在園していなくとも園を利用する地域の子どもが、どのような経験をしてどのような育ちをしていくのか、というその園の保育のビジョンを示したものです。乳児保育は、その出発点の保育であることを意識していくとともに、目の前の子どものよりよい成長を保障することを見据えて、長期指導計画、短期指導計画を立案していきます。そして、園生活という集団保育を基本としながらも一人一人の子どもを思い浮かべ、子どもが今この瞬間を生き生きと心地よく生活したり遊ぶことを実現できるような細やかな配慮や工夫も記していくことが重要です。

　なぜなら、乳児保育においては、複数の担任保育者で保育することが基本であるため、各々の指導計画に合わせて具体的に記すことで、保育における共通理解につながったり、日々の保育の中での保育者同士の動きを見据えた密な連携にもつながっていくからです。忙しい保育の中での時間確保はとても大変ですが、しっかり保育者同士で話し合う時間を確認するようにしましょう。

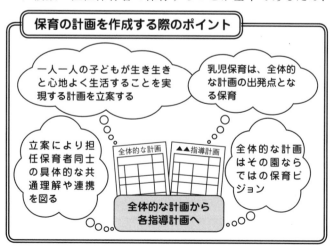

保育の計画を作成する際のポイント

- 一人一人の子どもが生き生きと心地よく生活することを実現する計画を立案する
- 乳児保育は、全体的な計画の出発点となる保育
- 立案により担任保育者同士の具体的な共通理解や連携を図る
- 全体的な計画 ▲▲指導計画
- 全体的な計画はその園ならではの保育ビジョン

全体的な計画から各指導計画へ

　本書 p.122 〜 123 に保育所での全体的な計画の実例を紹介しています。記載する内容に
についてのポイントも示してありますので、確認しておきましょう。

２．乳児保育における長期指導計画

　長期指導計画とは、全体的な計画に基づき、具体的な保育が適切に展開されるように、
子どもの生活や発達を見通した計画です。基本的には、年間指導計画・期間指導計画・月
間指導計画をさし、目の前の子どもの保育に直接かかわる担任保育者が考え立案していき
ます。乳児クラスの長期指導計画立案の際には、クラスとして集団の子どもを保育してい
くための指導計画（本書 p.124「月間指導計画」参照）と、一人一人の子どもの育ちを見る
個別指導計画（本書 p.125「月間個別指導計画」参照）の主に２通りのものがあります（本
書 p.125 Column 参照）。形式は、実際に活用していく保育者および他の職員が保育をして
いく上で、活用しやすいものが望ましく、園で話し合い決定していくようにします。本書
p.124 〜 125 に各月間指導計画の実例とポイントを示していますので確認しましょう。

集団保育としての長期指導計画

　乳児保育においては、集団での保育を基本としながらも、一人一人の子どもが心地よく
生活することをもっとも大切にしていくことが大前提です。それを実現していくための長
期指導計画には、担任保育者がクラス全体としてどのように保育をしていくのかというこ
とを記す指導計画があります。たとえば、子どもの月齢の構成への具体的な配慮や生活場
面においてどのように援助していくのか、どのような遊びの環境づくりをするのか、行事
はどのようなものがあり、どのように参加するのか、家庭との連携などを記載していきま
す。長期指導計画は、クラスの保育としての見通しができるように作成し、具体的な子ど
もの姿を踏まえて短期指導計画に下ろして作成していくことになります。

一人一人の子どもの育ちを見据える個人別指導計画

　乳児保育では、一人一人の子どもを大切に考え、目の前の子どもの発達状況や家庭の状
況を踏まえたその子どもだけを記した個人別指導計画があります。この場合は、その子ど
ものために大切にしたい保育者のかかわりや配慮、言葉かけ、環境構成などについてより
具体的に作成することが大切になってきます。たとえば、ままごとでエプロンや三角巾を
身につけて楽しむ子どもの姿が見られた場合、「ままごとの棚を整理する」といった抽象
的な書き方ではなく、「自分の使いたいエプロンや三角巾を選びやすく片づけやすいよう
に、棚にマークをつけ、紙パックなどでボックスをつくり整理をする」というような書き
方をすることでより具体的になっていきます。また、個人別計画は特別な支援を要する子
どもなど、個別の配慮を必要とする子どもについても作成していきます。

○○○○保育園　全体的な計画

【保育の理念】
一人一人の子どもを大切にし、家庭や地域と協力しながら心豊かな子どもの育成を目指します。

【園目標】
☆体の丈夫な子ども：よく遊びよく食べよく眠ることを基本に力いっぱい遊ぶ子どもを育てます。

【地域との連携・協力】

> 地域に根差した園として具体的にどのようなことをするのか示す。

・ボランティア、実習生、体験学習、研修等を受け入れる。
・小学校、近隣の保育園、さくら町自治会、児童館、子ども家庭支援センター等との交流や消防署、警察署と連携をもつ。
・緊急保育、保育園見学、園庭開放等を通して、地域の子育て家庭への支援と交流を行う。

【子育て支援】
・連絡帳、懇談会、個人面談、園だより、送迎時の会話を通して、日々の様子や子どもの育ちを伝え合い、成長の喜びを共有できる関係を築いていく。
・保護者の状況を踏まえて気持ちを受け止めながら相談や助言にあたり、子どもと保護者が安定した関係で「共育ち」ができるように支援をしていく。

【環境教育】
・日常の園生活における環境を通した教育・保育を実現するために、職員や子どもが環境への意識を高め積極的にかかわることができるようにする。
・園庭や園舎、園周辺の環境を子どもや保護者が安心して利用できるように整えていく。

【職員の資質向上】
・保育の計画（ねらい、課題を明確にする）⇒実践⇒記録⇒評価・反省⇒次の計画の立案のPDCAサイクルで自己評価を行う。

ねらいおよび内容

> 養護は保育者が配慮すべきものなので、主語が保育者になる。また、養護と教育を分けて整理することで、子どもの発達状況や園生活をさまざまな角度で見ることができるようにする。

養護
生命の保持
①一人一人の子どもが快適に生活できるようにする。
②一人一人の子どもが健康で安全に過ごせるようにする。
③一人一人の子どもの生理的欲求が十分に満たされるようにする。
④一人一人の子どもの健康増進が積極的に図られるようにする。

		0歳児クラス		1歳児クラス	2歳児クラス
教育にかかわるねらいおよび内容	健やかに伸び伸び育つ	・一人一人の子どもの生活リズムを大切にして、食欲、睡眠、排泄などの生理的欲求を満たし生命の保持と生活の安定を図る。	健康	・安心できる保育者のもとで、生活や遊びを通じて自分でしようとする気持ちが芽生える。	・保育者が見守る中で、簡単な身のまわりのことを自分でしようとする。
		・寝返り、お座り、はう、伝い歩きなど、一人一人の発達状況に合わせた運動をしようとする。	遊び	・一人歩行から歩行が完成し、発達状況に応じて体を動かして遊ぶ中で、くぐる、またぐ等のさまざまな基本的動作を経験していく。	・登る、降りる、跳ぶ、くぐる、押す、またぐなどの基本的動作を獲得し、全身を動かしたり指先を使った遊びを楽しむ。
	身近な人と気持ちが通じ合う	・保育者に生理的欲求や思いを受容的・応答的にかかわってもらうことで、安心して生活する。	人間関係	・友達への関心が出てきて模倣をしたり、保育者やおもちゃ・道具を仲立ちとして一緒にかかわって遊ぼうとする。	・保育者や気の合う友達とかかわって遊ぶことを喜ぶようになるが、気持ちのぶつかり合いも増えて、保育者の仲立ちを必要とする。
		・喃語から初語・一語文・二語文が出てくる。保育者の話しかけを楽しんだり、オウム返しをし、自分から片言で話すことを楽しむ。	環境	・好きなおもちゃや遊具に興味・関心をもってさまざまな感覚をもってかかわり、手にしながら遊びを楽しむ。	・身のまわりのものや身近な生き物、植物を見たり、触れたり、保育者からの話を聞いたりして興味・関心を広げる。
		・興味ある絵本を保育者と一緒に見ながら、簡単な言葉のくり返しを楽しむ。			
	身近なものと関わり感性が育つ	・さまざまな感覚を通し、おもちゃなど身のまわりのさまざまなものに触れて、探索遊びを楽しむ。	言葉	・二語文、多語文で自分の思いや欲求を伝えようとする。	・生活に必要な言葉がある程度わかり、したいこと、してほしいことを言葉で表す。
		・保育者と一緒に歌の一部分をうたったり、触れ合い遊びや簡単な手遊びをする。		・興味ある絵本を保育者と一緒に見ながら、簡単な言葉のくり返しを一緒にいうことを楽しむ。	・保育者や友達と言葉のやりとりを楽しんだり簡単な会話を楽しむ。
		・喜ぶ、泣く、怒る等で自分の思いを伝える。			・「なぜ」「どうして」などの質問を盛んにする。
		・指さしをしたり簡単な言葉のくり返しや模倣をして遊ぶ。			
			表現	・なぐり描きを楽しむ。保育者と一緒に身近な生活の見立て・つもり遊びを楽しむ。	・保育者や友達と一緒に簡単なごっこ遊びを楽しむ。
				・自分の思いを身振りや簡単な言葉で伝えようとする。	・自分の好きなものになりきって遊ぶ。
				・音楽に合わせて体を動かすことを楽しむ。	・感じたことや思ったことを描いたりうたったり体を動かしたりして自分なりに表現しようとする。
食育		生活や遊びの中で食にかかわる体験を積み重ね、食べることを楽しみにできるよう、年齢や個人等に合わせた援助を心		よく噛んで食べる。楽しい雰囲気の中で食事を喜んで食べ、さまざまな食品や調理形態に慣れる。	楽しい雰囲気の中で自分から食事をしようとし、食事に必要な習慣が身につく。
		離乳食が進み、さまざまな味に慣れ、噛んで味わう経験から自分で進んで食べようとする。			
保健計画		健やかな心と体を育みながら、基本的生活習慣を身につける。			
		・保育者との信頼関係を築き、健康に心地よく生活する。		・保育者との信頼関係を築き、生活リズムを整え健康に心地よく生活する。	・保育者と一緒に手洗い、うがいをしようとする。
					・生活リズムを整え健康に心地よく過ごす。

左側の余白の注記（縦書き）：
子育て支援において、どのようなことを大切にしていくのかを示す。

環境を通した保育を実現するため、園ではどのようなことを行うかを示す。

年齢もしくはクラスで整理する。園の活用しやすい区分を考えていく。

長時間保育をする園では、生活面と遊び（体の動き）で分けるとわかりやすい。

教育にかかわるねらいおよび内容

教育は子どもの発達状況に応じて経験してほしい内容であるので、主語が子どもになる。

122

保護者に知らせていくと同時に、職員が意思統一していくために、【保育の理念】【保育の方針】【園目標】は一番上に示す。

【保育の方針】
・その子らしさをまるごと受け止め、元気いっぱい、やさしさいっぱい、笑顔いっぱいの子どもに育てます。
・保護者が安心して子どもを育て合えるような信頼関係の構築に努めます。

☆自分を大切にし、思いやりのある子ども：自分も好き、みんなも好き、友達と一緒に育っていくことを援助します。
☆自分を表現し、人の話を聞ける子ども：自分の思いを十分に出し、人のことも認めることのできることを育みます。

【子どもの安全と危機管理】
・事故を未然に防止し、災害発生には、被害を最小限にするため定期的に安全点検、避難訓練、防災訓練を行う。
・消防署や警察署の協力を得ながら、定期的に AED の使い方や救急法、不審者侵入対策などを学ぶ。

【異年齢交流】
・やさしくしてもらう。世話をしてもらう心地よさや、いたわりや頼りにされる喜びの気持ちを味わえるよう、当番保育時や日常の活動の中で、かかわりをもつ。
・一緒に生活する中で、遊びに興味をもったり、模倣をすることで、経験が豊かになるよう交流の機会をつくっていく。

【長時間保育】
・一人一人の子どもの健康状態の把握や家庭との連携に配慮し、落ち着いた雰囲気の中でゆったりと過ごしたり、安心して遊んだりできる環境づくりをしていく。

朝夕保育・延長保育などで、大切にすべき事項を示す。

・職員同士の連携を大切にし、意見交換をしたり、互いに学び合う関係を築いていく。
・研修や勉強会を計画的に受講し、個々の保育に関するスキルの向上に努めるとともに保育実践に生かしていく。

職員の資質向上において、どのようなポイントをもって努めていくのかを示す。

情緒の安定
①一人一人の子どもが安定感をもって過ごせるようにする。
②一人一人の子どもが自分の気持ちを安定して表すことができるようにする。
③一人一人の子どもが周囲から主体として受け止められ、主体として育ち、自分を肯定する気持ちが育まれていくようにする。
④一人一人の子どもの心身の疲れが癒されるようにする。

3歳児クラス	4歳児クラス	5歳児クラス	就学のころ
・食事・排泄、睡眠、休息、着脱、清潔に過ごすなど、生活に必要な基本的生活習慣が徐々に身についていく。	・生活に必要な習慣や態度を身につけていく。	・生活に必要な習慣や態度を身につけていく。	・自分の身のまわりを清潔にし、生活に必要な活動を自分でする（自分の持ち物の始末、衣服の着脱や調整、食事、排泄など）。
・戸外で十分に体を動かしたり、さまざまな道具や遊具を工夫して使いながら遊びを楽しむ。	・保育者や友達と一緒に道具や用具を使ったり、さまざまな動きを組み合わせて全身を使った遊びを楽しむ。	・自分の力をコントロールしながら、いろいろな遊具や道具を使って全身を動かして遊ぶ。	・自分の目標に向かって努力したり、友達と協力したりして、積極的にいろいろな運動を楽しむ。
・友達と一緒に遊ぶことを楽しみ、親しみをもってかかわり、気持ちのぶつかり合いの中で相手の思いに気づく。	・自分の思いや考えを話し、友達の気持ちも聞き、受け止める経験をしながら、遊びを進める楽しさを感じる。	・自分の力を十分に発揮しながら、集団の中で仲間の一員としての自信をもち、充実感や達成感を味わう。	・保育者や友達に認められ、自分のよさに気づき、自信をもって行動できるようになる。
・身のまわりにあるさまざまな色や形、音色や感触、味や香りに気づいたり感じたりする。 ・生き物とかかわることを喜ぶ。	・身近な事物に関心をもち、それらのおもしろさ、不思議さ、美しさなどに気づき、生き物を飼育することに関心をもって行おうとする。	・身近な社会事象、事物に関心をもち、それらを取り入れて遊んだり、さまざまな生き物のことを調べて育てることを楽しむ。 ・文字や数や形への関心が高まり、生活や遊びの中に取り入れようとする。	・身のまわりの環境に自分からかかわり、発見を楽しんだり、考えたり生活に取り入れたりしながら豊かな感覚を培う。
・人の話を聞いたり、自分の経験したことや思っていることを話す。 ・保育者や友達と言葉のやりとりを楽しみ、言葉が豊かになる。 ・簡単な報告ができる。	・経験したこと、考えたことなどを相手にわかるように話す。 ・報告、応答、伝言、質問を相手にもわかるように話し、人の話も関心をもって聞く。	・日常の挨拶、伝言、報告ができ、みんなで共通の話題について話すことを楽しむ。 ・絵本、物語、素話に親しみ、想像することを楽しみ言葉の感覚が豊かになる。	・挨拶や返事を習慣として身につけ、感謝の気持ち、謝り方を学び言葉で伝える。 ・親しい身近な人とのかかわりの中で、言葉を使ったやりとりや簡単な説明ができ、話を最後まで聞ける。 ・自分が伝えたいことやわからないこと、困っていることが伝えられる。 ・本に興味をもち、自分でも読んでみようとする。
・友達とイメージを共有して、ごっこ遊びを楽しむ。 ・歌をうたったり、リズムに合わせて体を動かしたり、楽器に触れて遊ぶ。	・友達と一緒に絵本や素話を楽しみ、イメージを広げて表現する。 ・音楽に親しみ、みんなと一緒に聞いたりうたったりおどったり楽器に触れたりして楽しむ。	・友達と一緒に共通の目的に向かってつくり上げ、見てもらうことを楽しむ。 ・いろいろな楽器に触れながら友達と一緒に一つの曲をつくり上げることを楽しむ。	・いろいろ学ぶことにより、わかることに喜びを感じ、進んで学習しようとする。 ・自分に自信をもち、よいことや得意なことを学習に生かす。
がけ、豊かな活動を楽しむ。			
友達と食べることを喜ぶ。簡単な調理（裂いたりちぎったり）を経験し、食材に触れる。	園庭で野菜を育て、季節を感じ、栽培したものを食べることで収穫の喜びを味わう。	食べ物と体の関係に興味をもつ。調理体験をしたり、調理室とのかかわりから感謝の気持ちをもつ。	食品の種類や働きを知り、食べることと健康へのつながりを考え食事をする。
・手洗い、うがいの方法がわかり、自分でする。 ・自分の体の状態を知らせようとする。	・手洗い、うがいの必要性を理解して自分で行う。 ・身近な危険を見通して行動しようとする。	・自分で気候に合わせて衣服の調節を行う。 ・健康について関心をもって生活する。	・身近な危険を予測して回避しながら行動していく。 ・健康について関心をもって生活したり行動する。

職員が意識をもって保育をしていくために、ここでしっかり明記することが大切である。

現在の子どもは、兄弟姉妹の関係性を家庭で経験することがむずかしいため、園生活で積極的に取り入れる。

食材や食事について、子どもが楽しい雰囲気の中でかかわっていくことを基本に計画していくことが大切である。

△△年度　12月　ちゅうりっぷ組（1歳児クラス）　月間指導計画

子どもの姿	・簡単な衣服の着脱や靴の脱ぎ履きなどに興味をもち、自分でしたいという意欲をもってしようとする。	保育のねらい	・自分の簡単な身のまわりのことを保育者と一緒にしようとする。・戸外遊びや散歩の中で自然に触れながら、保育者や友達と一緒に遊ぶことを楽しむ。
健康と安全	・インフルエンザ等の感染症が流行する時期なので、健康観察をていねいに行う。・子ども同士のかかわりから、噛みつきや手が出る等からけがにつながりやすいので、子どもの気持ちを受け止めていないにかかわる。	家庭との連携	・気温に応じて衣服の調節ができるように衣服の補充をお願いする。・子どもの体調変化について、連絡帳や送迎時に連絡を密にしてもらうようにお願いをする。

行事予定	・4日（水）12月の誕生会　・11日（水）身体測定　・20日（金）年末お楽しみ会　・未定　避難訓練
養護	<生命の保持>体調を崩しやすい時期のため、一人一人の子どもの体調変化に留意し、適切な対応をしていく。 <情緒の安定>一人一人の子どもの思いや欲求をていねいに受け止め、受容的・応答的にかかわり、共感していく。

	現在の子どもの姿	保育者の援助やかかわりおよび環境構成
健康	【生活】 <食事> ・保育者と一緒に食事の挨拶を動作や言葉でしようとする。 ・さまざまな食材を自分からスプーンを使って食べようとする。 <排泄> ・おむつが汚れていたら仕草や簡単な言葉で保育者に知らせる。 ・おむつがぬれていないときは便器に座ってみる。 <睡眠> ・保育者にそばについてもらったり、見守られたりしながら静かな雰囲気の中で一定時間眠る。 <着脱> ・保育者と一緒にズボンや靴、靴下を脱いだり履いたりする。 ・自分の持ち物がわかり、指さしたり自分でもってきたりする。 <清潔> ・食事前や汚れたときには、保育者と一緒に手を洗う。 ・鼻水が出たら、保育者に拭いてもらう。	・食前は「いただきます」食後は「ごちそうさま」の挨拶をし、食事の区切りをつけられるように保育者も一緒に挨拶する。 ・自分で食べる喜びを大切にしながら、さまざまな食材の名前や食材の味について伝えていき、食材に興味・関心をもちながら食事を楽しめるようにする。 ・おむつがぬれたことを伝えてきた姿を見逃さないようにし、知らせたことを大いに認めていく。 ・午睡明けなどぬれていないときは、トイレに誘い便器に座って排尿する機会を大切にしていく。 ・一人一人の子どもの様子に合わせて安心して入眠できるように見守っていく。そばについていく。 ・自分でしようとする姿があるときは見守り、さりげなく援助をしていき、できたときには達成感や満足感を味わえるようにし、次への意欲につなげていく。 ・少人数でゆったりと着替えができるコーナーをつくっていく。 ・衣類のカゴや靴下入れなどの置き場所を子どもの手が届く場所に置いて、自分で出し入れできるようにしていく。 ・手洗いは少人数で行い、自分で洗おうとするときには見守り、様子を見ながら必要な援助をしていく。また、洗いおわったきれいになった心地よさを伝えていく。 ・「ふん」などといって、鼻のかみ方を伝えていき、スッキリした気持ちよさを伝えていく。
	【遊び】 ・積極的に戸外に出たり、ホールでマットや巧技台などを使って体を動かして遊ぶことを楽しむ。 ・少人数でゆったりと散歩をすることを楽しむ。	・その日の天候や気温を考慮していき、子どもが楽しく体を動かして遊ぶことができる工夫をしていく。 ・散歩は、一人一人の子どもの様子に合わせて楽しむために少人数で行う。
人間関係	・身近な保育者や友達に関心をもち、好きな遊びを一緒に楽しむ。	・子どもが保育者や友達に自らかかわろうとする気持ちを受け止めて、保育者が温かな姿勢をもってかかわったり、友達との仲立ちをしてかかわることの楽しさを感じられるように援助していく。
環境	・戸外遊びや散歩をする中で、自然に触れることを楽しむ。 ・おもちゃで遊んだり、簡単な道具を使って遊ぶことを楽しむ。	・枯れ葉を踏んだり集めて遊ぶなど、自然に触れて遊ぶ機会を保育者も遊びながらつくっていく。 ・子ども自ら使いたいおもちゃや遊具を自分で選んで自分で出し入れできるようにしていく。
言葉	・生活や遊びの中で簡単な言葉を使おうとしたり、自分の思いや欲求を仕草や簡単な言葉を使って伝えようとする。 ・子どもが好む絵本や紙芝居を保育者や友達と一緒に楽しむ（『だるまさんが』『くーちゃんのくった』など）。	・子どもが伝えようとする姿を見逃さずに受け止めていき、ていねいにかかわっていく。また、子どもが伝えようとしていることを保育者が言葉に置き換えて代弁していく。 ・子どもの興味・関心に合わせて、簡単なストーリーのあるもの、言葉のくり返しのある絵本や紙芝居を選択していく。
表現	・音楽のリズムに合わせて体を動かすことや、わらべ歌、手遊び、歌などを保育者や友達と一緒に楽しむ（『おやつたべよ』『こんこんくしゃん』など）。 ・パズルなどの机上の遊びやなぐり描き、シール貼り、小麦粉粘土など、手や指先を使った遊びを楽しむ。	・保育者が一緒に楽しむことを大切にし、子どもが遊びたいと伝えている姿にタイミングよく応じたり、気に入った遊びを十分に楽しめるようにしていく。 ・机上の遊びのコーナーをつくり、保育者がそばについて一緒に楽しめるようにする。 ・手先の遊びは、遊びたい子どもから楽しめるように少人数でていねいにかかわっていく。
評価	・自我の芽生えや自己主張する姿がさまざまな場面で見られるようになった。多くの子どもとのかかわりの中で、子どもの気持ちを尊重するかかわりは大変であるが、職員同士の連携を密にして引き続きていねいにかかわっていくようにする。 ・天候もよく戸外で遊んだり散歩に行く機会を多くもつことができた。そして、さまざまな動きができる遊びの工夫を意識したことで、園庭やホールでの遊びで多くの基本動作を経験できたように感じる。これから、室内で過ごすことも増えるので、室内遊びでの工夫もして、基本的動作の経験を積み重ねていきたい。	

△△年度　12月　ちゅうりっぷ組（1歳児クラス）　月間個別指導計画

担任：○○○○、△△△△、□□□□

その子どもの保育で大事にしたい項目を【生活】【遊び】に分けて示すと視点を整理しやすい。

その子どものために考え、保育するのかについて示す。健康や安全をどのように考え、保

その子どもが心地よく生活したり遊ぶために、工夫することをより具体的に記す。

現在の子どもの姿に対し、保育者がどのように援助したりかかわっていくのかを示す。

乳児保育は、家庭との連携は欠かせないが、保護者によって連携すべき内容は異なるため、各保護者に対して配慮していく必要のある内容を具体的に示す。

ポジティブな表現で記す。

古賀大雅　1歳9か月

現在の子どもの姿	保育者の援助やかかわり
【生活】 ・好みでない食材が多く、保育者がすすめても食べようとしない。 【遊び】 ・自分のペースで思いのままに歩行することを楽しみ、距離も長く歩けるようになった。 ・電車を数個つなげて遊ぶことを楽しんでいる。	・楽しい雰囲気を何より大切にしていき、「人参さんが食べてっていってるね」「○○ちゃんも食べてるね」など、前向きな言葉かけをしていくようにする。 ・散歩する機会をもつようにし、楽しく歩く経験を積み重ねるとともに、枯れ葉を踏んで楽しむなど新しい発見に気づくようなかかわりを大切にする。

健康・安全	環境構成	家庭との連携
・長時間保育ということもあり、体調を崩しがちであるため、健康観察をていねいに行うとともに、保護者との連絡も密にしていくようにする。	・電車用の箱を用意して出し入れしやすいようにする。また、数を増やして自分で選んで手に取って遊べるようにする。	・食事づくりに困惑している気持ちを受け止め、一緒に献立の工夫を考えたり、長い目で見ていく大切さを伝えていく。

長澤凛花　2歳0か月

現在の子どもの姿	保育者の援助やかかわり
【生活】 ・排尿したことを保育者に知らせようとする。また、排尿間隔も長く、ぬれていないことも増える。 【遊び】 ・ままごと遊びが好きで、三角巾エプロンを身につけてお料理をしたり、「どーど（どうぞ）」と保育者や他児にごちそうして楽しむ。	・伝えてくる姿をていねいに受け止め、おむつ交換を行う。おむつがぬれていないときは、無理のない範囲で便座に座るようにすすめる。 ・ままごと遊びを十分に遊べるように、保育者が一緒に楽しんだり他児とのかかわりにつなげて仲立ちをしていくようにする。

健康・安全	環境構成	家庭との連携
・トイレを使用したり遊んでしまう姿が増えているため、今一度、安全面（床面の水滴・子どもの動線など）に留意していく。	・ままごとコーナーでの遊びが充実するように、鍋や食べ物に見立てられるおもちゃの種類を増やす。	・園生活での排尿の様子を知らせていき、保護者にも家庭生活において様子を見て対応してもらう。また、いずれパンツの用意が必要になることを伝えておく。

佐藤　蓮　2歳5か月

現在の子どもの姿	保育者の援助やかかわり
【生活】 ・衣服の着脱を自分で意欲的にしようとする。 【遊び】 ・他児と同じ遊びを楽しむ一方で、自分の思い通りにならないと大泣きしたり、他児を押したり手が出てしまうことがある。	・「自分で」という思いを尊重し、基本的には見守っていく。むずかしそうなときはやさしく言葉をかけて、気持ちを尊重しながら援助をする。 ・本児の思いを言葉にしていき共感することを大切にしていく。相手が痛い思いをしたときには、双方の気持ちを代弁していくようにする。

健康・安全	環境構成	家庭との連携
・本児が思わず他児を押したり手が出てけがにつながらないように、保育者がついて直前に止めたり、様子を見て言葉をかけていくなどしていく。	・「自分で」という思いが着脱以外でも出てきているので、お気に入りのおもちゃや自分の持ち物など、自分で出し入れしたり、選べるように引き出しや棚の整理をする。	・こだわって取り組む姿は、大切な成長の一つの姿であることを伝え、待つことの大切さを伝えていく。

🦋 Column　一人一人の子どもをていねいに保育するための月間指導計画

　乳児保育における月間指導計画は、月間個別指導計画のみを作成する場合と、クラス全体の月間指導計画と月間個別指導計画の2種類作成する場合があり、園の考え方によって異なっています。しかし、どちらの場合でも "一人一人の子どもをていねいに保育するために作成する" ことには変わりありません。クラス全体の月間指導計画も、一人一人の子どもをていねいに保育することを実現していくためには、クラス全体としてどのように保育をしていくかという視点になっているからです。よって、どちらの指導計画も具体的なAちゃん、Bちゃんを思い浮かべながら作成することが大切になります。

3．乳児保育における短期指導計画

　短期指導計画とは、長期指導計画を踏まえて、より具体的な子どもの日々の生活に即した計画で、週間指導計画や一日指導計画、デイリープログラム（本書 p.11 ～ 13）があげられます。園によっては、週間指導計画と一日指導計画を一つの形式の中で立てた週日案といったものもあります。これらは、今、目の前の子どもがどのようなことに興味・関心をもっているのか、どのように遊んだり生活しているのかなど、子どもの思いや姿に合わせ作成していきます。次頁に 1 歳児クラスの週日指導計画の実例と記載する内容のポイントを示してありますので、確認しておきましょう。

　乳児保育の場合、その日の子どもの体調や様子によって、生活や遊びが変わることや、一人一人の子どもの発達や内面の動きに合わせて保育者がかかわっていくことが大切であるため、保育者は柔軟に保育を展開していくことを前提に作成することが重要となります。たとえば、散歩を計画していても子どもの体調がすぐれない場合は、無理をせず散歩はやめて保育室でゆっくりと過ごすようにし、体調が回復してから再度計画をしていくなどがあげられます。つまり、計画通りにはいかないことを常に想定し、子どもが今、興味・関心をもっていることを意欲をもって経験していくことができるようにすることを大切にします。

　また、短期指導計画では、よりわかりやすく具体的な言葉を使って作成することが大切です。たとえば、「戸外で体を動かして遊ぶことを楽しむ」とねらいに記した月間指導計画を踏まえて、週間指導計画においては、子どもがジャングルジムや三輪車に興味・関心をもっている姿があれば、「ジャングルジムなどの遊具を使って体を動かして遊ぶことを楽しむ」と記していくとよいでしょう。

指導計画を作成する際の基本的なポイント

　園で作成する各指導計画について、計画立案の際の基本的なポイントを以下にまとめました。実習などで指導計画を作成する際には、以下を確認し作成していきましょう。
・全体的な計画を踏まえた上で、子どもの実態に即して指導計画を作成する。
・子どもの実態から、ねらい・保育者のかかわり・環境構成などをつなげて各項目を整理する。
・どのような経験をしてほしいのか、それによりどのような育ちを期待するのか、といった視点をもって作成する。
・各項目の主語が誰なのかを意識して作成する。
・ネガティブな表現はできるだけ避け、ポジティブな言葉で表現をする。
・園生活は、子どもが主体的に生活する場であるため、「～してあげる」「～させる」という表現はできるだけ避ける。
・担任保育者同士で意見を出し合いながら作成し、保育者間の同僚性（保育者間で支え合い高め合っていく協働的な関係）を高めていく。
・立てた指導計画については必ず評価を行い、それを踏まえた再計画をしていく（PDCA サイクルの実施）。

△△年度　12月（第1週）　ちゅうりっぷ組（1歳児クラス）　週日指導計画

担任：○○○○、△△△△、□□□□

月間指導計画を踏まえ、特にこの週に大切にして保育したいことを示す。

【ねらい】
・簡単な衣服の着脱を自分でしようとする。
・保育者や友達と一緒にシャングルンムなどの遊具を使って体を動かして遊ぶことを楽しむ。

【内容】
・保育者に見守ってもらったり、援助してもらいながら、簡単な衣服の着脱をする。
・晩秋の自然に触れたり、遊具を使って、またぐ、くぐるなど、体を動かすことを楽しむ。
・無理のない範囲で誕生会に参加する。
・シール貼りをしてツリーづくりをする。

この週の保育内容を具体的に示す。

「内容」を実現するための保育者の配慮やかかわりをより具体的に示す。

【保育者の配慮やかかわり】
・自分でしようとする気持ちを認めて、見守ったりさりげなく援助をしていく。
・子どもが遊びたいと思える環境設定をし、子どもの動きに合わせて適切な援助をするとともに、保育者も一緒に体を動かし楽しむ。
・散歩は子どもの興味・関心に合わせて一人一人にていねいにかかわる。
・誕生会に興味・関心がある子どもは参加し、不安がる子どもは保育室で好きな遊びをするなど、無理なく過ごすことができるようにする。
・製作は少人数でつくりたい子どもから行うようにする。完成したら保育室に飾ることができるようにし、達成感・満足感を大切にする。

【環境構成】
・少人数で着脱を行い、子どもの姿に合わせてタイミングよい援助ができるようにする。
・子ども自ら遊びたいと思える遊具の設定やおもちゃの準備をする。また、まわりにはけがにつながるようなものなどがないように確認をする。
・散歩は3～4人で、安全確保された中で行うようにする。
・誕生会は、出入りのしやすい場所に座ることができるようにしておく。

・ツリーづくりは、星型・花型・蛍光色などさまざまな形・色のシールを用意して、楽しみながらシール貼りができるようにする。

「内容」を実現するために、どのような環境構成をするのかをより具体的に示す。

子どもが心地よく過ごすために、今週、特に連携していきたいことを示す。

先週の子どもの様子や出来事を踏まえ、今週、子どもが心地よく過ごすための安全や健康への配慮を示す。

【健康と安全】
・インフルエンザの流行が予想されるため、子どもの体調について保護者との連絡を密にし、園生活でも細やかに健康観察をする。
・遊ぶ子どもの発達に合わせた遊具を設定し、安全に楽しく遊べるようにする。

【家庭との連携】
・送迎時に子どもの体調についての連絡を密にし、園での体調変化についてもていねいに伝えるようにする。
・体温を調節しやすく子どものサイズに合った衣服の用意をお願いする。

2日（月）	3日（火）	4日（水）	5日（木）	6日（金）
・ホールでマットや巧技台を使って遊ぶことを楽しむ。	・園庭で好きな遊びを楽しむ（すべり台、鉄棒、砂場、コンビカーなど）。	・無理のない範囲で誕生会に参加する。	・シール貼りを楽しむ（ツリーづくり）。 ・園庭で好きな遊びを楽しむ。	・シール貼りを楽しむ（ツリーづくり）。 ・~~園庭で好きな遊びを楽しむ。~~ ・保育室や2歳児室で好きな遊びを楽しむ。

←――――― 少人数での散歩（どんぐり公園） ―――――→

一つの遊びを数日かけて計画することで、少人数でゆったりと楽しめたり、子どもが心地よい気持ちになったときにできるようにする。

保育に変更があった場合は、二重線を引いて実際に行った保育を示す。

【評価】
　予想していたよりも感染症に罹患することなく元気に園生活を送ることができたが、引き続き体調については十分に留意していく必要がある。子どもの着脱については、自分でしたいがうまくできないことへ苛立つ姿も見られ、タイミングよく適切に援助するむずかしさを感じた。一人一人の子どもの様子に合わせて対応していくための工夫をさらに考えていく必要性を感じた。体を動かして遊ぶことに注目した環境づくりをしたことで、しゃがむ・くぐる・またぐ等の基本的動作をたくさん経験することができた。また、少人数での散歩や製作は、子どもの動きや表情を見ながら細やかに配慮したりかかわることができたため、子どもも心地よく楽しむことができたように思う。来月は、健康状態や天候・気温に留意しながら、今週と同じような経験の積み重ねをしていきたい。

実際にこの計画をもとに保育をしての評価を記す。その際に、「～できた・できなかった」だけでおわらずに、そこでどのような経験ができたのか、次週はどのような視点をもって再計画をするのかを記していく。

第12回

4．乳児保育における評価

 乳児保育における評価とは

　保育は、保育者としての願いをもって計画されて実践していくことを基本とします。しかし、その実践は目の前の子どもにとって何を大切にすべきかを考えながら、子どもの思いに寄り添いかかわっていくため、すべて計画通りにいくことはほとんどありません。また、乳児保育の場合には、戸外で遊ぶなどの計画を立てても、その日に子どもが風邪をひいてしまうなど体調が変化することも多く、室内で落ち着いて好きな遊びを楽しむように変更することもあります。よって、保育者は、保育の計画を踏まえた上での実践において、子どもはどのように生活をしたりどのように遊びを楽しんだのかなどについて振り返り、評価をしていくことが大切になります。そして、その評価をていねいに行っていくことによって、どのようなことを大切にして生活や遊びをしていったらよいのか、という見通しがもてるようになり、保育の再計画へとつながっていきます。

 乳児保育における評価の視点

　では、乳児保育における計画の評価について具体的に考えていきましょう。乳児保育における評価とは、何かが"できた""できない"に着目した評価ではなく、"一人一人の子どもの生活や遊びがどれだけその子どもらしく充実していたのか"などの視点をもって評価していくことが何より重要です。また、保育者が日々の保育で子どもとかかわる中で、思ったり感じたことや、保育の方法の具体的な工夫などについても、今後の保育の着目していく視点として示していくと次の保育につながっていきます。

　また、乳児保育は、その日そのときの子どもの体調や気持ちなどによって、生活や遊びの様子は大きく変化していきます。保育者は保育が計画した通りにいかなかったことを"いけないこと""保育者の力不足"というとらえ方をせずに肯定的に受け止め評価していき、それを踏まえて次の保育を前向きに考えていく姿勢が大切です。計画した遊びができなかったら次の計画で再度取り入れていくなど、同じ経験ができるような環境設定を考えていきましょう。

乳児保育における計画の評価の視点

＊各計画を踏まえてどのような保育実践をしたのか。
＊その保育実践の中で、子どもの心や体がどのように動いて、どのような経験ができたのか。
＊乳児のそれらの経験がどのような育ちにつながっていくのか。
＊次の保育に向けてどのようなことを大切にして、どのような保育をしていくのか。

 援助のポイント

▶ **全体的な計画がその園の保育の出発点になることを理解する**

保育は、園の職員が一つのチームとなって取り組むべきものです。全体的な計画で共通理解を図り、全職員と同じ方向性をもって保育を行うための出発点にしていきましょう。

▶ **目の前の子どもの姿を大切に育む意識をもって計画を考え立案する**

指導計画は、"次の計画を立てるまでに「○○な姿」にしなければならない"ものではありません。今、目の前にいる子どもの姿を大切に育んでいくものであることを担任保育者同士で心に留めて指導計画を作成しましょう。

 家庭との連携のポイント

● 保護者との連携をより密にしていくために、指導計画を保育室などに掲示して、日ごろから保育の計画についての理解をしてもらえるようにしましょう。

● 月間個別指導計画については、毎月、直接保護者に園生活で大切にしたいポイントなどを説明する機会をもち、保護者と共通理解を図り、保育者と保護者が同じ方向性をもって保育や育児ができるように配慮しましょう。

演習課題

● **調べてみよう！**

・実習園やボランティアなどをしている園の全体的な計画や指導計画を見せていただき、その園の保育の特徴について調べてまとめてみましょう。

・同じ月の0・1・2歳児の月間指導計画を見せていただき、同じ月にどのような発達過程の子どもが一緒に生活をしているのか調べてみましょう（離乳食・身体の発達・言葉の発達など）。

● **考えてみよう！**

・月間個別指導計画（本書 p.125 参照）から、それぞれどのような保育者の思いや保育に対する願いが込められているのか考えてみましょう。

● **実践してみよう！**

・実習やボランティアなどでかかわった子どもの様子を記録し、次にかかわるときにどのようなことを大切にかかわりたいのか実際に計画を立ててみましょう（子どもの姿、予想される子どもの姿、そのときの自分の配慮やかかわり、環境構成など）。

第
12
回

乳児保育を支える連携

1. 職員間の連携

 ### 職員間の連携の重要性

　乳児保育は、園全体の職員の連携のもとで成り立っています。たとえば、通常保育時間以外の早朝保育や延長保育、土曜保育などは、クラス担任保育者だけでなく、園の全職員が交代で担当します。そのため、アレルギーなどの慢性疾患や病気、障がいなど、乳児の保育にあたって園全体で共有すべき事項を、職員間で共有しておくことが必要です。また、担任保育者が園外研修に参加したり、会議に出席したり、園全体の行事を担当したりする場合には、ほかの保育者が保育を担います。

　さらに、乳児保育では乳児期だけでなく、幼児期の発達の連続性までを考慮しておかなければなりません。したがって、園の保育理念や保育目標のもとで、全職員が園でどのような子どもを育てようとしているのかを踏まえた上で、園全体で乳児保育のあり方を検討していくことが大切です。

 ### 担任保育者同士の連携

　乳児保育は、通常、複数の保育者が担当しています。複数の保育者の中で、乳児が安心感をもって過ごすためには、担任間の連携が不可欠です。連携のポイントは以下の通りです。

> **担任保育者同士の連携のポイント**
>
> ♣ **保育のねらいや内容、具体的な援助方法について共通理解を図る**
>
> 　園の保育方針に基づき、担任保育者間で保育のねらいや内容を共有することに加えて、一人一人の子どもに対する具体的な援助方法や生活内容、家庭との連携についても細やかに共有します。
>
> ♣ **クラス運営における役割は、子どもの様子や状況に応じて柔軟に分担する**
>
> 　クラス運営においては、保育者間で細やかに役割分担を行いながら、生活を進めていくことが大切です。乳児保育では、各保育者の担当児が決まっていたり、デイリープログラムなどにおいてクラス運営における役割分担が明確化されていたりします。しかし、実際の保育においてはお互いの動きをよく見ながら、柔軟に役割を交代したり、補い合ったりするこ

とが必要です。たとえば、担当制を採用しているクラスで、保育者が担当児のおむつ交換を行っている間、ほかの担当児への対応ができません。あるいは、保育者の勤務時間によって、子どもの担任保育者が不在の時間帯も生じます。子どもの様子によっては、特定の子どもとのかかわりに比重を置くことが必要となる場合もあります。こうしたとき、事前に決められた役割にとらわれず、その都度、「子どもにとってどのような対応が最善か」という視点で、役割分担を確認し合います。

🍀 食事・睡眠・排泄などの援助は、できるだけ特定の保育者が担当できるよう体制を整える

　乳児保育においては、発達の基盤となるアタッチメント（本書 p.98 参照）をしっかりと形成することが大切です。そのためには、細やかに欲求に応えてくれる特定の保育者の存在が不可欠です。一対一でのかかわりを中心とする食事・睡眠・排泄などの援助は、できるだけ担任保育者が対応できるような体制を整えましょう。

🍀 保育上の配慮事項や保育中のけが、体調悪化など、子どもに関する情報を担当者間で確実に共有する

　アレルギーなどの慢性疾患や病気、与薬、登降園時間、その他の個別的な配慮を必要とする事項は、担当者だけでなく、担任保育者全体で共有する必要があります。これらは、そのことを知らずに対応した場合に、子どもに不利益が生じる事項です。また、保育中に起きたけがや体調不良などについても、担当者が不在の場合にも家庭に事情を伝えることができるよう、情報を速やかに共有します。これらの情報を共有するために、連絡ボードなどを活用する場合には、プライバシーの保護に留意しましょう。

他職種との連携

　園の運営は、保育者だけでなく看護師、栄養士、調理師、用務員、事務職員などのさまざまな職員の連携によって成り立っています。特に、乳児は抵抗力が弱く疾病にかかりやすいことから、看護師との連携が欠かせません。そのため、園によっては、看護師が保育者とともに乳児保育を担当することもあります。また、近年ではアレルギーのある子ども、医療的ケアを必要とする子どもも増えており、看護師との連携の重要性が高まっています。

　離乳、食物アレルギーのある子どもの食事については、栄養士、調理師、看護師などとの連携が欠かせません。離乳食の提供にあたっては、家庭との細やかな情報交換のもとで、栄養士や調理師と連携して、離乳食を提供します。また、子どもの食事の様子をともに見ながら、調理形態、大きさ、固さ、味つけなどについて確認し、離乳を進めます。食物アレルギーのある子どもへの対応においては、栄養士や調理師との連携に加えて、緊急時に備えて、看護師とともに対応方法を確認しておく必要があります。

　このような他職種との連携は、日々の相談・助言などの保護者に対する子育て支援においても求められており、それぞれの専門性を発揮し、園全体で子どもの育ちを支えていくことが大切です。

2．家庭との連携

乳児保育における家庭との連携の必要性

　園と家庭という2つの生活の場を行き来する乳児にとって、園と家庭双方の生活が一貫していることが大切です。そのために、保護者との日々の情報共有に加えて、個人面談、保護者会、保育参加などのさまざまな機会を通じて、家庭との連携を図っていくことが求められます。特に乳児は発達とともに、食事、衣服、生活習慣が大きく変化していきます。園と家庭がていねいに情報共有を行い、方針をすり合わせていくことが不可欠です。

　園と家庭の相互理解においては、保護者の思いや意向を受け止め、一人一人の保護者の生活状況などを細やかに把握した上で、園の理念や方針を伝えていきます。その際、保育の意図やねらいを共有しながら、子どもの姿や育ちの見通しを、ていねいに伝えていくことが大切です。保護者とのパートナーシップのもとで保育を進めていくために、一人一人の子どもの保育のねらいを月はじめに保護者に伝えたり、子どもの育ちの記録を保護者と共同で作成したりしている園もあります。

> ### 事例　泣けるようになったKちゃん……K菜ちゃん（10か月）
>
>
>
> 　0歳児クラスの4月、10か月で入園したK菜ちゃんは、入園後に泣くこともなく、スムーズに園生活に慣れていった。K菜ちゃんは物静かで大人しい印象で、自分で遊びを見つけて遊んでいるようだった。ところが、2か月ほど経ち、クラスの子どもたちがようやく落ち着いて生活できるようになったころ、K菜ちゃんが登園時に母親と離れることを泣いて嫌がるようになった。
>
> 　母親に家庭での様子をたずねると、最近は家庭では母親から離れようとせず、登園の準備も嫌がるようになったとのことだった。また、「あんなに保育園にスムーズに慣れたのに、どうして急に泣くようになったのでしょうか？」と不安な様子である。保育者は、入園後にK菜ちゃんが泣かなかったことや、自分から保育者に甘える姿が少ないことが気になっていたことを伝え、「きっと、Kちゃんはこの2か月間、とてもがんばってきたのだと思います。少し慣れてきて、不安な気持ちを表現してくれるようになったのだと思うので、その気持ちをしっかり受け止めて、Kちゃんが安心して過ごせるようにかかわっていきますね」と伝えた。母親には、家庭ではできるだけK菜ちゃんの思いを受け入れること、登園時には必ず迎えにくることをK菜ちゃんに伝え、笑顔でK菜ちゃんと別れることをお願いした。
>
> 　母親は、登園時に激しく泣く姿から、K菜ちゃんが園で一日中泣いて過ごしているのではないかと心配している様子であった。そこで、担任保育者間ではK菜ちゃんが園で楽しんでいる様子を送迎時の会話や連絡帳で母親に伝えていくことを確認した。あわせて、子どもたちの園生活の様子がわかるよう定期的に写真を掲示したり、園で親しんでいる歌や絵本、わらべ歌等をクラスだよりやクラスの掲示板で紹介していった。また、母親にはK菜ちゃんの好きな遊びを教えてもらい、K菜ちゃんと一緒に楽しめるようにした。
>
> 　その後、K菜ちゃんは、登園時には少し泣くことはあったが、担任保育者に抱かれると、泣きながらも手を振って母親と別れることができるようになり、少しずつ落ち着いて生活できるようになっていった。

園と家庭の生活の連続性を支える連絡帳

　家庭との連携には、日々の送迎時の対話、連絡帳、個別面談、保育参加、保育参観、おたよりやメールなど、さまざまな場面や手段があります。中でも、園と家庭という2つの生活の連続性を保障するために、乳児保育においては連絡帳がとても重要な役割を果たしています。連絡帳には、園と家庭がそれぞれに、食事、睡眠、排泄、体調、連絡事項、子どものその日の様子などを記載し、子どもに関する情報を共有します。これらの記載から子どもの家庭での生活を把握し、その日の保育を組み立てていくことが大切です。

連絡帳の例（2歳1か月：女児）

○年○月○日（○）		
	家庭より	**園より**
体温	（登園前）体温　36.5℃	（降園前）体温　36.7℃
機嫌	よい・(普通)・悪い	よい・(普通)・悪い
睡眠	21:30　〜　6:00	12:00　〜　14:40
便	有（硬・(普)・軟）・無	有（硬・(普)・軟）・無
食事	朝食　7:30 ごはん、味噌汁、ブロッコリー、トマト、イチゴ、ヨーグルト	昼食　11:00 ・(完食しました) ・残しました ・ほとんど食べませんでした
様子	おにぎりに海苔で顔をつけたら、喜んで食べてくれました。おにぎりをかじったあとを見て、「すべり台みたい！」といっていました。子どもの視点はおもしろいですね。今日も元気です。	折り紙を半分に折り、△にしたところ、「すべり台！」といっていたのを思い出しました。子どもの発想はおもしろいですね。今日は、すべり台を何度もうれしそうに滑っていました。
連絡事項	今朝から、少し咳が出ています。	園でも咳が出ていたので、外遊びを短めにして室内で過ごしました。

　連絡帳のこれらの情報のうち、保護者にとってもっとも関心があるのは、その日の“わが子の様子”です。連絡帳では誰と、何をして、どのように過ごしたのか、その子に固有のエピソードを具体的に記入しましょう。ただし、けがの報告や子どもの気になる姿などは、連絡帳ではなく、対応する保育者や話すタイミングを十分に検討した上で、保護者に直接口頭で伝えましょう。

エピソードの記入のポイント

🍀「〜しました」などの事実の羅列ではなく、「その子」の具体的な様子を記入する

例）「公園でアリの行列をじっと見つめていました。」

→「公園でアリの行列を見つけ、熱心に観察していました。行列の先に巣穴を見つけ、アリがどんどん入っていく様子を不思議そうに眺めていました。」

🍀ポジティブな表現を用いる

例）「午前中は機嫌が悪く、抱っこで過ごしました。」

→「午前中は抱っこで過ごす時間も多かったのですが、お友達の遊ぶ様子に興味をもち、自分から電車のおもちゃに手を伸ばして遊びはじめました。」

🍀発達的な観点から子どもの姿をとらえる

例）「チェーンリングを、パスタケースの穴に入れて遊んでいました。」

→「パスタケースの穴の中にチェーンリングを上手に入れていました。チェーンリングをもち上げると、ゆらゆらと揺れるのですが、揺れが止まるのをじーっと待って、そーっと片手で入れていました。最近は、シールを貼ったり、小石を拾ったり、親指と人差し指を上手に使って遊んでいます。」

3. 地域との連携

 地域との連携の必要性

　園は地域の中にある子どものための社会資源の一つです。そうした観点で園をとらえると、同じように子どもの育ちを支えるさまざまな社会資源があることがわかります。また、地域には、園とは異なる多様な環境があり、さまざまな知識やスキルをもつ人たちがいます。保育が長時間化している現代において、家庭と園という限られた環境で長時間を過ごし、子どもが多様な世代の人とかかわる機会が減少している中で、地域とのかかわりは、多様な人とのかかわりや多様な体験の機会となります。

　地域には園の協力を必要とする保育施設も増えてきています。家庭的保育や小規模保育の多くは園庭がありません。また、これらは3歳未満児のための保育施設であるために、生活や遊びのモデルとなる幼児が不在です。そのため、これらの保育施設に園庭を開放したり、乳児が幼児とともに過ごす機会を提供したり、園行事に招待したりすることも、地域の子どもの育ちを支えることにつながります。

　このような地域との連携は、園が地域で子どもを育てていくために非常に重要です。災害時や緊急時には、すべての子どもの安全を確保しなければなりません。そうしたとき、地域の中にともに子どもを守り、支えてくれる存在が不可欠です。このように、地域との連携は、子どもの育ちの環境をより豊かにするためにも重要です。

 地域との交流

● **日常の保育における地域との交流**

　地域との交流は、日常の保育においてさまざまな方法が考えられます。たとえば、乳児保育においても、地域を散歩する機会が多くあります。その際に、散歩コースに動物を飼っている住宅があれば、動物を見せてもらうことで地域住民との交流の機会をもつことができます。畑があれば、農作物の育つ様子や収穫の様子を見せてもらったり、農園の一部を借りたりすることもできるでしょう。商店があれば、子どもたちと挨拶をしたり、店先に並ぶ商品を見せてもらったりすることも可能です。

　地域の公園もまた、高齢者、近隣住民、地域の子育て家庭、他の保育施設の子どもなど、多様な人とつながることのできる身近な環境です。出会った人たちに挨拶をしたり、園のおもちゃを多めに持参して地域の親子を遊びに誘ったりすることで、身近な近隣住民との交流が可能です。

● **園と地域とのつながりを、家庭と地域のつながりへ**

　このような園と地域とのつながりを、家庭にも広げていくことが可能です。次頁の写真は園の玄関に掲示されている「お散歩マップ」です。ここには、日常の保育の中でよく利用する公園や散歩コースとあわせて、子どもたちのお気に入りの遊具や各年齢の過ごし方

などが紹介されています。
これらは、子どもたちが
生活する身近な地域の情
報であり、子どもたちが
普段から慣れ親しんでい
る環境です。

　現代では、地域とのつ
ながりをもたない家庭が
増えています。そのため、
保護者が身近な地域とつ
ながり、安心して子育て
ができるような工夫を行
うことも大切です。

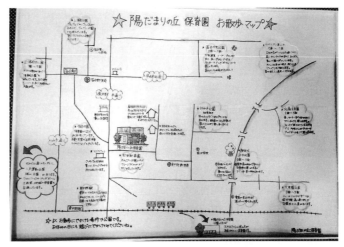

お散歩マップ（陽だまりの丘保育園）

 乳児保育における地域資源の活用

　地域には、子どものためのさまざまな施設があります。乳児保育で活用できる可能性の
ある施設を、以下に示します。

乳児が利用することのできる施設の例

施設の例	利用例
公園	戸外遊び、地域との交流。
図書館	「おはなし会」への参加。絵本、紙芝居の貸出し（団体貸出を行っている場合、50〜100冊程度を1〜2か月間借りることが可能）。
地域子育て支援拠点	「子育てひろば」の利用（拠点によっては、乳児向けプログラムも実施）。
神社・寺院	境内での戸外遊び。
消防署	散歩時に消防車・救急車などの車両を見たり、挨拶したりする。
警察署	散歩時のパトカー等の車両見学。
大学	キャンパス内の散策、（自由に入構できる場合）、グラウンドの借用（通常手続きが必要）、保育学生との交流活動（交流活動プログラムがある場合）。 ※大学のキャンパス内は車両の入構制限があり、安全に過ごせる空間が多い。また、自然豊かな環境である場合も多い。

◎表の内容はあくまでも一例であり、地域（自治体）などによって異なります。

　ここにあげた施設のほか、地域には、自治会や町内会の役員、民生・児童委員といった
地域組織の中心的役割を担う人がいます。また、大工仕事が得意な人、園芸が好きな人、
絵本の読み聞かせが得意な人、子どもが好きな人など、さまざまな人がいます。特に、定
年退職後のシニアの中には、機会があれば社会貢献の取り組みに参加したいと考えている
人が少なくありません[1]。園の行事をきっかけとして、こうした地域の人たちと交流を図
り、協力を得ることで日々の保育をより豊かにすることが可能です。

 援助のポイント

▶ **保育理念や保育方針、ねらい、一人一人の保育上の配慮事項等を職員間で共有する**

保育理念や保育方針、保育のねらいを全職員で日ごろから共有することはもちろんのこと、子どもの保育に当たって個別の配慮を必要とする情報（アレルギー等の慢性疾患、障がい、病気、虐待など）や、保育中に生じたけがや体調不良については、該当児の保育を担当する保育者および全職員で確実に共有しましょう。

▶ **地域全体で子どもを育てる意識をもち、日常的な地域とのつながりを大切にする**

子どもは、長時間を家庭と園という限定的な環境で過ごすことを踏まえ、地域の豊かな資源を保育に活用するとともに、日常的に地域とのつながりをもてるように意識しましょう。子どもをともに見守り、支えてくれる身近な地域住民とのつながりが、保育をより豊かにするとともに、子どものよりよい生活環境づくりにつながります。

家庭との連携のポイント

● 園と家庭の生活の相互理解を図り、子どもの生活の連続性を保障しましょう。子どもは園と家庭という2つの生活の場を行き来します。24時間の生活全体を安定して過ごすことができるよう、保育と子育ての方針をすり合わせたり、細やかに情報を共有したりすることが大切です。

● 日々の子どもの姿や保育のねらい、援助の意図をていねいに伝えていきましょう。家庭との連携にはさまざまな方法がありますが、特に、日々の保育における送迎時の対話や連絡帳を通して、保護者の思いや状況を細やかに把握するとともに、子どもの姿や保育のねらい、援助の意図などを、ていねいに伝えていくことが大切です。

演習課題

● **調べてみよう！**

・あなたの居住地域には乳児が利用できる施設として、どのような施設があるか、調べてみましょう。

・地域の保育施設では、保育者のほかにどのような職種の職員が働いているのか、ホームページやパンフレットをもとに調べてみましょう。

● **考えてみよう！**

・0歳児3名を、担任保育者に代わって保育することになった場合、事前にどのような情報を把握しておく必要があるかを考えてみましょう。

・連絡帳と実習日誌の違いについて話し合い、連絡帳を作成する上で留意しなければならない事項をまとめてみましょう。

● **実践してみよう！**

・地域の公園に出かけ、そこではどのような人が、どのように過ごしているのかを把握しましょう。また、それらの人と、どのような交流ができるかを考えてみましょう。

 # 引用・参考文献

・引用文献は各章ごとに、本文中の数字に対応。
・参考文献は引用文献のあとに、著者五十音順に掲載。

(第1回)
1）厚生労働省『保育所保育指針解説』フレーベル館、2018、pp.118-119
2）同上、pp.89-90
・厚生労働省『保育所保育指針解説』フレーベル館、2018
・厚生労働省「保育所保育指針の改定に関する議論のとりまとめ」2016
・内閣府・文部科学省・厚生労働省「子ども・子育て支援新制度」2015
・内閣府・文部科学省・厚生労働省「幼児教育・保育の無償化について」2019

(第2回)
・園と家庭を結ぶ「げんき」編集部編『乳児の発達と保育―遊びと育児』エイデル研究所、2011
・厚生労働省『保育所保育指針解説』フレーベル館、2018
・厚生労働省「保育所保育指針」1999
・厚生労働省「平成22年乳幼児身体発育調査報告書」2011
・汐見稔幸・小西行郎・榊原洋一編『乳児保育の基本』フレーベル館、2007
・田中昌人・田中杉恵『子どもの発達と診断1 乳児期前半』大月書店、1981
・田中昌人・田中杉恵『子どもの発達と診断2 乳児期後半』大月書店、1982
・田中昌人・田中杉恵『子どもの発達と診断3 幼児期Ⅰ』大月書店、1984
・田中昌人『乳児の発達診断入門』大月書店、1985
・乳児保育研究会編『改訂版 資料でわかる乳児の保育新時代』ひとなる書房、2002
・乳児保育研究会編『改訂5版 資料でわかる乳児の保育新時代』ひとなる書房、2018

(第3回)
・阿部和子編『演習 乳児保育の基本（第3版）』萌文書院、2016
・阿部和子『改訂 乳児保育の基本』萌文書林、2019
・厚生労働省「授乳・離乳の支援ガイド（2019年改定版）」2019
・巷野悟郎・植松紀子編『乳児保育―0歳児・1歳児・2歳児』光生館、2012

(第4回)
・厚生労働省『保育所保育指針解説』フレーベル館、2018
・厚生労働省「保育所における感染症対策ガイドライン（2018年改訂版）」2018
・汐見稔幸・小西行郎・榊原洋一編『乳児保育の基本』フレーベル館、2007
・汐見稔幸監修『0・1・2歳児からのていねいな保育 第1巻 ここまで見えてきた赤ちゃんの心の世界』フレーベル館、2018

(第5回)
・厚生労働省「保育所における感染症対策ガイドライン（2018年改訂版）」2018
・汐見稔幸監修『0・1・2歳児からのていねいな保育 第1巻 ここまで見えてきた赤ちゃんの心の世界』フレーベル館、2018
・汐見稔幸・小西行郎・榊原洋一編『乳児保育の基本』フレーベル館、2007
・製品安全協会「乳幼児用ベッドのSG基準」2014

(第6回)
・阿部和子編『改訂 乳児保育の基本』萌文書林、2019
・志村聡子編『はじめて学ぶ乳児保育』同文書院、2009
・社会福祉法人あすみ福祉会茶々保育園グループ編『新訂 見る・考える・創りだす乳児保育』萌文書林、2014
・茶々保育園グループ 社会福祉法人あすみ福祉会編『見る・考える・創りだす乳児保育Ⅰ・Ⅱ』萌文書林、2019

(第7回)
・阿部和子編『改訂 乳児保育の基本』萌文書林、2019
・志村聡子編『はじめて学ぶ乳児保育』同文書院、2009
・社会福祉法人あすみ福祉会茶々保育園グループ編『新訂 見る・考える・創りだす乳児保育』萌文書林、2014
・茶々保育園グループ 社会福祉法人あすみ福祉会編『見る・考える・創りだす乳児保育Ⅰ・Ⅱ』萌文書林、2019

(第8回)
・遠藤登『保育救命―保育者のための安心安全ガイド』メイト、2017
・巷野悟郎監修、日本保育園保健協議会編『最新保育保健の基礎知識 第6版改訂』日本小児医事出版社、2009

・厚生労働省「保育所におけるアレルギー対応ガイドライン」2017
・厚生労働省『保育所保育指針解説』フレーベル館、2018
・柴崎正行編『改訂版 保育原理の基礎と演習』わかば社、2019

（第9回）
1）遠藤利彦『赤ちゃんの発達とアタッチメント』ひとなる書房、2017、p.59
・厚生労働省『保育所保育指針解説』フレーベル館、2018
・汐見稔幸監修『イラストたっぷりやさしく読み解く保育所保育指針ハンドブック 2017年度告示版』学研教育みらい、2017
・汐見稔幸・小西行郎・榊原洋一編『乳児保育の基本』フレーベル館、2007

（第10回）
・厚生労働省『保育所保育指針解説』フレーベル館、2018
・汐見稔幸監修『イラストたっぷりやさしく読み解く保育所保育指針ハンドブック 2017年度告示版』学研教育みらい、2017
・汐見稔幸・小西行郎・榊原洋一編『乳児保育の基本』フレーベル館、2007

（第11回）
・阿部和子編『演習 乳児保育の基本』萌文書林、2007
・園と家庭を結ぶ「げんき」編集部編『乳児の発達と保育―遊びと育児』エイデル研究所、2011
・汐見稔幸・小西行郎・榊原洋一編『乳児保育の基本』フレーベル館、2007
・瀧薫『保育とおもちゃ―発達の道すじにそったおもちゃの選び方』エイデル研究所、2011
・吉本和子『乳児保育――一人ひとりが大切に育てられるために』エイデル研究所、2002

（第12回）
・厚生労働省『保育所保育指針解説』フレーベル館、2018
・小山朝子編『講義で学ぶ 乳児保育』わかば社、2019
・千葉武夫、那須信樹編『教育・保育カリキュラム論』中央法規出版、2019
・内閣府・文部科学省・厚生労働省『幼保連携型認定こども園教育・保育要領解説』フレーベル館、2018
・松本峰雄監修『よくわかる！保育士エクササイズ6 保育の計画と評価 演習ブック』ミネルヴァ書房、2019

（第13回）
1）三輪律江・尾木まり編『まち保育のススメ―おさんぽ・多世代交流・地域交流・防災・まちづくり』萌文社、2017、p.61
・飯塚朝子「第6章 子どもと生活を共にする保育者の役割」阿部和子編『演習 乳児保育の基本（第2版）』萌文書林、2011、pp.152-159
・遠藤利彦「第2章『非認知』的な心―自己と社会性」日本赤ちゃん学協会編『赤ちゃん学で理解する乳児の発達と保育 第3巻 言葉・非認知的な心・学ぶ力』中央法規出版、2019、pp.54-96
・遠藤利彦「アタッチメントが拓く健やかな発達」汐見稔幸監修『0・1・2歳児からのていねいな保育 第1巻 ここまで見えてきた赤ちゃんの心の世界』フレーベル館、2018、pp.10-23
・大豆生田啓友『ちょっとした言葉かけで変わる保護者支援の新ルール10の原則』メイト、2017
・大豆生田啓友・おおえだけいこ『日本が誇る！ ていねいな保育 0・1・2歳児クラスの現場から』小学館、2019
・亀﨑美沙子「第12回 乳児保育における連携」小山朝子編『講義で学ぶ 乳児保育』わかば社、2019、pp.144-147
・汐見稔幸監修『0・1・2歳児からのていねいな保育 第2巻 毎日の保育をより豊かに―保育の基本』フレーベル館、2018
・汐見稔幸監修『0・1・2歳児からのていねいな保育 第3巻 ていねいな保育実践のために―保育の実践』フレーベル館、2018
・寺田清美『アッというまに書けて☆伝える 保育者の伝える力』メイト、2016
・西村真実『育児担当制による乳児保育 子どもの育ちを支える保育実践』中央法規出版、2019

＜協力＞ ・園、個人、各五十音順。

明日葉保育園第三戸塚園（神奈川県横浜市）、てんじん保育園（東京都小平市）、陽だまりの丘保育園（東京都中野区）、むくどり風の丘こども園（神奈川県相模原市）、他東京都内私立保育園

近藤直恵、清水真理子、髙橋蘭、髙橋凛、瀧川咲、長久保叶、増井絵里子、松本吉乃、山岸奈央

編者・著者紹介

※著者は執筆順。執筆担当箇所はもくじ内に記載。

編者 **善本　眞弓**　　東京成徳大学 子ども学部 子ども学科 教授

保育士・幼稚園教諭として勤務後、日本女子大学大学院家政学研究科児童学専攻修士課程修了、浦和大学助教、新渡戸文化短期大学准教授を経て、現職。
　　主な著書：『幼稚園・保育所実習 指導計画の考え方・立て方』（共著、萌文書林）、『学びつづける保育者をめざす実習の本』（共著、萌文書林）、『実習における遊びの援助と展開』（共著、萌文書林）、『新版 エピソードから楽しく学ぼう保育内容総論』（共著、創成社）、『親から頼りにされる保育者の子育ち支援』（共著、黎明書房）、『実践例から学びを深める 保育内容・領域 環境指導法』（共著、わかば社）、『講義で学ぶ乳児保育』（共著、わかば社）、他。

小山　朝子　　和洋女子大学 人文学部 こども発達学科 准教授

東京家政大学大学院家政学研究科児童学専攻修士課程修了後、公立保育士として勤務。東京家政大学大学院博士後期課程満期退学。帝京平成大学現代ライフ学部児童学科専任講師を経て、現職。
　　主な著書：『改訂 乳児保育の基本』（共著、萌文書林）、『教育・保育カリキュラム論』（共著、中央法規出版）、『改訂版 幼稚園・保育所・認定こども園実習パーフェクトガイド』（共著、わかば社）、『保育における子ども文化』（共著、わかば社）、『改訂2版 保育原理の基礎と演習』（共著、わかば社）、『保育内容「表現」論』（共著、ミネルヴァ書房）、『保育の計画と評価 演習ブック』（共著、ミネルヴァ書房）、『講義で学ぶ乳児保育』（編著、わかば社）、他。

亀﨑　美沙子　　十文字学園女子大学 人間生活学部 人間福祉学科 准教授

神戸大学大学院人間発達環境学研究科修了（教育学博士）。東京都江東区子ども家庭支援センター非常勤職員、東京家政大学家政学部助教、松山東雲短期大学講師を経て、現職。
　　主な著書：『子育て支援における保育者の葛藤と専門職倫理―「子どもの最善の利益」を保障するしくみの構築にむけて』（単著、明石書店）、『保育の専門性を生かした子育て支援―子どもの最善の利益をめざして』（単著、わかば社）、『最新保育士養成講座第10巻 子ども家庭支援―家庭支援と子育て支援』（共著、全国社会福祉協議会）、『よくわかる家庭支援論（第2版）』（共著、ミネルヴァ書房）、他。

● 装　丁　タナカアン
● イラスト　鳥取秀子

演習で学ぶ 乳児保育

2020年5月30日　初版発行
2024年3月3日　初版5刷発行

編著者　善 本 眞 弓
発行者　川 口 直 子
発行所　（株）わかば社

〒173-0004　東京都板橋区板橋2-46-12
tel(03)6905-6880 fax(03)6905-6812
(URL)https://www.wakabasya.com
(e-mail)info@wakabasya.com
印刷／製本　シ ナ ノ 印 刷（株）

ISBN 978-4-907270-29-2 C3037